「神のことば」に導かれて告白する

使徒信条

信仰入門の手引き

赤江弘之［著］

いのちのことば社

まえがき

このたび、使徒信条を「みことばに聴くシリーズ」の一つとして上梓することになりました。二十五歳の時の処女作であり、シリーズ第一作『いつ聖霊を受けるのか』に続く、五十二年の時を経て、七十七歳の時の『私なりの「主の祈り」　霊想・講解』(いのちのことば社、二〇二〇年)を表すことになりました。

その二年後の七十九歳の誕生日を目前に、『契約と贖いから味わう「神のことば」――私なりの「十戒」』(いのちのことば社、二〇二二年)が生まれました。そして、今回八十歳の誕生日を迎え、本書を上梓する運びになったのです。若い時の願いが、立て続けに、「主の祈り」「十戒」「使徒信条」の三部作となって形になりました。それも、いのちのことば社発行という思いがけない主の恵みです。

本書の内容は、二〇二一年十月三日に開始された「芳泉《ほうせん》日曜集会」で語り始めました。日曜集会は二〇二二年二月、西大寺キリスト教会の教会総会で「芳泉伝道所」とする建議案が承認され、教団理事会の議を経て、最終的に「芳泉キリスト教会」となりました。この間、一人の方の信仰決心が与えられ、二〇二二年西大寺のイースター礼拝で洗礼式が行われました。

毎回の説教の原稿が、本書発行のもとになったわけです。神のことばに導かれて、小さな群れの会衆と共に告白する使徒信条となりました。

本書は使徒信条の解説ですが、説教として各章ごとに聖書箇所を掲げ、それを展開する形をとりました。そのため、各章のテーマは使徒信条の表現と異なるものになっている場合があります。また、キリスト教入門を志す方の、入門の手引きとなることを願っての取り組みです、はたしてどのように受けとめていただけるか、心配の向きは消えません。しかし、だれかのお役に立てることを強く願いながら、神のことばと聖霊に導かれるままに、この信仰告白をささげてくださる方が起こされることを、お祈りしています。

さらに、今回はシリーズ前二作の「私なりの」というフレーズを外しました。どなたでも「私の使徒信条」となることを目指したからです。

二〇二三年八月

赤江弘之

目次◉「神のことば」に導かれて告白する　使徒信条　信仰入門の手引き

使徒信条

我は天地の造り主、全能の父なる神を信ず。
我はその独り子、我らの主、イエス・キリストを信ず。
主は聖霊によりてやどり、おとめマリアより生まれ、
ポンテオ・ピラトのもとに苦しみを受け、十字架につけられ、
死にて葬られ、陰府にくだり、三日目に死人の内よりよみがえり、
天にのぼり、全能の父なる神の右に座したまえり。
かしこよりきたりて生ける者と死にたる者とを審きたまわん。
我は聖霊を信ず、聖なる公同の教会、聖徒の交わり、罪のゆるし、
からだのよみがえり、とこしえの命を信ず。
アーメン。

（文語訳）

神は天地の造り主

創世記一章一～五節
コロサイ人への手紙一章一五～一六節

使徒信条と呼ばれている古代からのキリスト教の信仰告白文を、少しずつ学んでいくことを目指しています。わかりやすく記したいと思っていますが、そうできるかどうかわかりません。第一回目のテーマは「あなたは何を信じているのですか」という質問に対する最初の答えです。

「天」とは何を表しているか

(1) まず初めに天空を指す

宇宙の星々、星雲も神の被造物です。いわゆる大宇宙は創造者の御手によって造られ、またその御手の中にあるのです。宇宙の巨大さは天文学を通して、計り知れないことがわかります。しかし、近代科学の発達するはるか以前に、旧約聖書のヨブ記という書の三八章三一～三三節に、主の問いかけが記録されています。「あなたはすばるの鎖を結ぶことができるか。オリオン座の綱を解くことができるか。あなたは十二宮をその時にかなって、引き出すことができるか。牡牛座をその子の星とともに導くことができるか。あなたは天の掟を知っているか。地にその法則を立てることができるか。」

預言者イザヤも、神が宇宙の創造主であると宣言しています。「あなたがたは目を高く上げて、だれがこれらを創造したかを見よ。この方はその万象を数えて呼び出し、一つ一つ、その名をもって呼ばれる。この方は精力に満ち、その力は強い。一つも漏れるものはない」（イザヤ四〇・二六）。

(2) すべてをご存じである天体の創造者

大いなる天体の創造者は、私たち取るに足りない小さいものの人生もすべてご存じで、その心の中まで知っておられます。旧約聖書詩篇一三九篇一～四節に、イスラエルの王、ダビデが謳《うた》っています。

「主よ　あなたは私を探り　知っておられます。
あなたは　私の座るのも立つのも知っておられ
遠くから私の思いを読み取られます。
あなたは私が歩くのも伏すのも見守り
私の道のすべてを知り抜いておられます。
ことばが私の舌にのぼる前に　なんと主よ
あなたはそのすべてを知っておられます。」

その千年後、ダビデの子孫として生まれた神の御子イエス・キリストは、有名な山上の説教の中で祈りについて教えられました。

「また、祈るとき、異邦人のように、同じことばをただ繰り返してはいけません。彼らは、ことば数が多いことで聞かれると思っているのです。ですから、彼らと同じようにしてはいけません。あなたがたの父は、あなたがたが求める前から、あなたがたに必要なものを知っておられるのです。」

（マタイ六・七〜八）

神は、宿命や避けることができない運命によって私たちの人生を縛り付けておられる方ではありません。愛をもって、すべてを益に変えることができる方であり、私たちの祈りに耳を傾けてくださるお方です。それは主イエスの次の言葉でわかります。

「だれでも、求める者は受け、探す者は見出し、たたく者には開かれます。あなたがたのうちのだれが、自分の子がパンを求めているのに石を与えるでしょうか。魚を求めているのに、蛇を与えるでしょうか。このように、あなたがたは悪い者であっても、自分の子どもたちには良いものを与えることを知っているのです。それならなおのこと、天におられるあなたがたの父は、ご自分に求める者たちに、良いものを与えてくださらないことがあるでしょうか。」

（同七・七〜一一）

(3) 天は人間の持つ理念、理想、価値などの王国を含む概念

人間は、鉱物、植物、動物など他の被造物と違っています。人間は自己と他者に対しての意識を持つ存在です。つまり、人間は人格です。人間は理念、理想、価値などに関心を持ち、その価値を意義付ける存在であり、これらの価値を物質的な目に見える被造世界の中に位置づけるよう

に召されています。それが、よく知られている次のみことばの意味です。「神は仰せられた。『さあ、人をわれわれのかたちとして、われわれの似姿に造ろう。こうして彼らが、海の魚、空の鳥、家畜、地のすべてのもの、地の上を這うすべてのものを支配するようにしよう』」(創世一・二六)。

その使命を果たすとき、人間は「地上における天」の断片を達成することになります。しかしながら、これら、人間の手による諸理念や諸価値は神の創造そのものではなく、絶対的なものではありません。このような人間の文化の営みは、絶対的な神の意志のもとに規定されています。この神の働きを「摂理」と呼びます。先に述べた宿命や運命と違うのです。

人間のあらゆる文化的営みは、神の召しにしたがってなされるのですが、それを過大評価してはなりません。人間のあらゆる哲学と、聖書に基づくキリスト教信仰との違いがここにあります。人間の理想主義の哲学と思想による「天」と、創造者のみこころによる「天」は全く違った次元にあります。重ねて言いますが、人間の心や良心などの精神的営みは、「天的要素を持つ」尊いものであっても、「天」そのものではないのです。

(4) 天は神の住み家

天について、もっと多くのことがあります。死後の場所、よみの世界、天使たちの住み家などです。これらについて今は詳しく述べることはしません。しかし、天は最終的には神の住み家であることを、十字架刑前夜の主イエスのことばによって知ることができます。それは、ヨハネの福音書一四章一～三節です。「あなたがたは心を騒がせてはなりません。神を信じ、またわたしを信じなさい。わたしの父の家には住む所がたくさんあります。そうでなかったら、あなたがたのために場所を用意しに行く、と言ったでしょうか。わたしが行って、あなたがたに場所を用意したら、また来て、あなたがたをわたしのもとに迎えます。わたしがいるところに、あなたがたもいるようにするためです。」

創造主である主イエス・キリストは、父なる神とともに天を創造されたお方です。「なぜなら、天と地にあるすべてのものは、見えるものも見えないものも、王座であれ主権であれ、支配であれ権威であれ、御子にあって造られたからです。万物は御子によって造られ、御子のために造られました」(コロサイ一・一六)。

イエス・キリストは、造り主であられるので、迷い出た罪びとの救い主となられたのです。救いのことを「神との和解」とも言います。コロサイ人への手紙は、一章一九～二二節でそのことも宣言しています。

「なぜなら神は、ご自分の満ち満ちたものをすべて御子のうちに宿らせ、その十字架の血によって平和をもたらし、御子によって、御子のために万物を和解させること、すなわち、地にあるものも天にあるものも、御子によって和解させることを良しとしてくださったからです。あなたがたも、かつては神から離れ、敵意を抱き、悪い行いの中にありましたが、今は、神が御子の肉のからだにおいて、その死によって、あなたがたをご自分と和解させてくださいました。あなたがたを聖なる者、傷のない者、責められるところのない者として御前に立たせるためです。」

御子イエス・キリストは、ご自身を信じる被造物である罪びとを赦し、父のみもとに導いてくださいます。それが、有名なヨハネの福音書一四章六節の約束です。「イエスは彼に言われた。『わたしが道であり、真理であり、いのちなのです。わたしを通してでなければ、だれも父のみもとに行くことはできません。』」

「地」とは何を表しているか

(1) 「地」とは主として地球環境を表す言葉

単純に言えば、大地や耕地や地盤と、その上にある物質的で目に見える全体を表しているのです。地にあるものはすべて自然科学的に研究されたり、科学的に分析されたりできるものです。

しかし、科学的研究の対象とされる物質も自然現象も、決して自己認識することがありません。科学は人を月に送り、人類に安価な食品、医薬品、電気エネルギー、コンピューターなど多くの素晴らしい成果をもたらしてくれました。しかし、科学は万能ではありません。そもそも科学の発達は聖書に基づく信仰から出発しています。

たとえば、宇宙が秩序をもって存在していることと、それを人間が観測し理解できるという前提は、創造者なる神の存在を信じるところから始まりました。科学は、聖書を信じる西洋のキリスト教世界観のもとで生まれ、培われたのです。自然崇拝の汎神論宗教の世界観に立つ東洋からではありません。聖書は神が天と地の創造者であることを冒頭に述べています。創世記一章一～二節です。「はじめに神が天と地を創造された。地は茫漠として何もなく、闇が大水の面の上にあり、神の霊がその水の面を動いていた。」

新約聖書では、使徒パウロがローマ人への手紙四章一七節で次のように述べています。「『わたしはあなたを多くの国民の父とした』と書いてあるとおりです。彼は、死者を生かし、無いものを有るものとして召される神を信じ、その御前で父となったのです。」

「無いものを有るものとして召される」とは、少し前の翻訳によれば、「無から有を生じる」ということでした。これは、現代科学がようやくたどり着いた事実です。しかし、聖書の本来の意味は、次のことにあります。創造は、創造主の完全で自由な意思決定によるのです。つまり、何ものにも依存しない神の意志と力を表しているのです。私たちの国の多神論的、汎神論的宗教風土の中で、「無からの創造」は革命的な意味を持っています。神は八百万でも、石や木の神でもないのです。預言者イザヤの声がこだまします。「偶像を造る者はみな、空しい。彼らが慕うものは何の役にも立たない。それら自身が彼らの証人だ。見ることもできず、知ることもできない。彼らはただ恥を見るだけだ。だれが神を造り、偶像を鋳《い》たのか。何の役にも立たないものを」(イザヤ四四・九〜一〇)。さらに、続く二四節。「あなたを贖い、あなたを母の胎内で形造った方、主はこう言われる。『わたしは万物を造った主である。わたしはひとりで天を延べ広げ、ただ、わたしだけで、地を押し広げた。』」

(2) 「地」は時間、空間、あらゆる自然法則を表す

よく聞かれる創造に関する疑問があります。「神は天地を造られる前は何をしておられたか」という質問です。

神は、時間も空間も造られた方です。すべての自然法則も神の創造の業によります。それを、「神の全能の働き」と言います。アウグスティヌスという偉大な神学者は、「世界が〝時間の中で〟ではなく、〝時間とともに〟創造された」と言います。それは、時間もまた「無からの創造」であることを表しているのです。したがって、神と等しい永遠の時間は存在しません。神の

みが永遠であり、時間もまた創造主なる神の被造物なのです。その意味で聖書は神ご自身、その御名を次のように示しています。「わたしはアルファであり、オメガである。最初であり、最後である。初めであり、終わりである」（黙示二二・一三）。

キリスト教は、歴史の時間の中に永遠の神が介入してこられた宗教であって、初めがあり、終わりがある歴史観に立っています。いわば直線的です。日本において、仏教的、儒教的思想は、円環的であると言えます。初めなく終わりなき世界観です。仏教では永遠の輪廻の世界からの脱却を「悟り」というのです。それは、西田哲学の「禅」の教えでもあります。若い時の私は、それらの教えが出口のない、希望のない、暗い世界であると思って絶望していました。しかし、イエス・キリストの救いを信じ救われて、私の聖書に基づく歴史観は、終末の永遠の神の国の完成に向かって祝福と希望の光に満ちています。

「天」について先述しましたが、創造主なる神は天地万物を御子キリストのために創造されました。そして、天地万物をつかさどるように定められました。それを聖書は、「天と地との諸法則」と呼びます。エレミヤ書三三章二〇～三〇節にある、エレミヤの預言から一部を引用します。これは、人間が科学によって発見してきた自然法則です。それは、創造主が宇宙自然と結ばれた契約です。まず、二〇～二二節を引用します。

「主はこう言われる。『もしもあなたがたが、昼と結んだわたしの契約と、夜と結んだわたしの契約を破ることができ、昼と夜が、定まった時に来ないようにすることができるのであれば、わたしのしもベダビデと結んだわたしの契約も破られ、ダビデにはその王座に就く子がいなくなり、わたしに仕えるレビ人の祭司たちと結んだわたしの契約も破られる。天の万象は数えきれず、海の砂は量れない。そのようにわたしは、わたしのしもベダビデの子孫と、わたしに仕えるレビ人を増やす。』」

続く二五節〜二六節を見てください。

「主はこう言われる。『もしも、わたしが昼と夜と契約を結ばず、天と地の諸法則をわたしが定めなかったのであれば、わたしは、ヤコブの子孫とわたしのしもベダビデの子孫を退け、その子孫の中から、アブラハム、イサク、ヤコブの子孫を治める者を選ぶということはない。しかし、わたしは彼らを回復させ、彼らをあわれむ。』」

聖書の神、創造主は契約の神です。今も、天地万物を契約に基づいて動かしておられます。天地自然は機械仕掛けのように無味乾燥な動きをしているのではなく、意味と目的と秩序と慈愛と美しさを持つ、豊かに実を結ぶ世界です。前項の「(3) 天は人間の持つ理念、理想、価値などの王国を含む概念」でも述べたように、これを神学的用語で「摂理」と言います。預言者イザヤは「万軍の主が計画されたことを、だれがくつがえせるだろうか。御手が伸ばされている。だれがそれを押し戻せるだろうか」(イザヤ一四・二七)と語ります。神は、ご自身の永遠のご計画に従って世界を創造されただけでなく、世界を摂理の御手で導かれるのです。

ネヘミヤ記九章六節では神の摂理を証ししています。「ただ、あなただけが主です。あなたは天と、天の天と、その万象を、地とその上のすべてのものを、海とその中にあるすべてのものを造られました。あなたはそのすべてを生かしておられます。天の万象はあなたを伏し拝んでいます。」

詩篇の賛美に心を合わせましょう。

「天地よ　主をほめたたえよ。
海とそこにうごめくすべてのものも。」(詩六九・三四)

「まことに主は大いなる神。
すべての神々にまさって　大いなる王である。

地の深みは御手のうちにあり
山々の頂も主のものである。
海は主のもの。主がそれを造られた。
陸地も御手が形造った。
来たれ。ひれ伏し　膝をかがめよう。
私たちを造られた方　主の御前にひざまずこう。」
（同九五・三〜六）

むすび

神は天と地の創造者です。神の創造されたすべてはとてつもない多様性があります。ところが、同じ被造物の中の最も重要な人間のことが含まれていません。不思議なことです。人間は、神の創造された万物の中で、非常に重要な存在ではあるが、決して中心的存在ではありません。中心は、あくまでも天地の造り主です。私たちは造られたものとしての立場をわきまえ、造り主の視点ですべてのことを見るべきです。

私が、キリスト者となって気づかされたことは次の言葉です。私はこのみことばによって、神中心の人生を選びました。それは、私にとって神のことばを人々に伝える使命を受けているということでした。やがて私は会社を辞めて、牧師になるため神学校に行きました。

「ああ、神の知恵と知識の富は、なんと深いことでしょう。神のさばきはなんと知り尽くしがたく、神の道はなんと極めがたいことでしょう。『だれが主の心を知っているのですか。だれが主の助言者になったのですか。だれがまず主に与え、主から報いを受けるのですか。』すべてのものが神から発し、神によって成り、神に至るのです。この神に、栄光がとこしえにありますように。アーメン。」

（ローマ一一・三三〜三六）

わたしは全能の神である

創世記一七章一節
マタイの福音書一九章一六〜二六節

使徒信条の二回目です。前章で、神は天地の造り主であることを見ていきました。天地の造り主は、とりもなおさず全知全能でなければ、そのようなことはできません。この章では、その全能の神についてお話しします。

アブラハムに現れた全能の神

神は天地を創造され、その世界を治めるために人間を造られました。最初の人はエデンの園に住んでいましたが、神に背く勢力を持つサタンに惑わされて、世界が楽園から失楽園になってしまったのです。それ以降の出来事、ノアの洪水やバベルの塔の事件など、詳しい歴史は省略します。人類は神から離れた文明を築きました。

その人類を回復させるために、神はひとつの民族を起こされました。それが、ユダヤ民族であり、最初の人はアブラム、後にアブラハムと改名させられた人物でした。聖書は、神が一方的に恵みによってアブラハムを選ばれたと言います。神は、アブラハムに初めから世界のすべての人を祝福する使命を与えられました。

「主はアブラムに言われた。『あなたは、あなたの土地、あなたの親族、あなたの父の家を離れて、わたしが示す地へ行きなさい。そうすれば、わたしはあなたを大いなる国民とし、あなたを祝福し、あなたの名を大いなるものとする。あなたは祝福となりなさい。わたしは、あなたを祝福する者を祝福し、あなたを呪う者をのろう。地のすべての部族は、あなたによって祝福される。』」

（創世一二・一〜三）

主なる神は、アブラハムに対して一方的な契約を結ばれました。それが、この箇所です。契約とは、アブラハムとその子孫によって、創造の初めの祝福された世界を回復し、その祝福を世界に広げるというものです。アブラハムの子イサクとその子どもヤコブも、神の契約を受け継ぎました。三代目ヤコブは「イスラエル」という名を神から与えられ、この部族はやがて幾世代を経て、イスラエル民族という国家に増え広がったのです。

その間、四百年のエジプト時代があり、その後半の奴隷状態からモーセによって解放されたのです。イスラエルは、神の祝福を運ぶ「選びの民」となりました。その歴史は旧約聖書が語ることを、考古学的にも歴史学的にも裏付けされています。イスラエルは、約束の地も与えられていました。それは、アジア、ヨーロッパ、アフリカの三大陸を結ぶ、橋渡しの地域でした。

この選びの民がまだイスラエルと呼ばれる前から、神はアブラハムに何度も現れ、あるときご自分のことを「全能の神である」と名乗られました。「さて、アブラムが九十九歳のとき、主はアブラムに現れ、こう言われた。『わたしは全能の神である。あなたはわたしの前に歩み、全き者であれ』」（同一七・一）。

振り返って、アブラハムが初めて祝福の約束を受けたのは七十五歳の時でした。八十五歳の時に夜空の星を仰ぎ見て、この星のように数えきれない子孫を与えるとの約束を受けました。創世記一五章です。そして、先ほどの九十九歳の時の約束の再確認です。すでに二十五年の歳月が流れ、百歳まぢかとなりました。「アブラハムはひれ伏して、笑った。そして心の中で言った。『百歳の者に子が生まれるだろうか。サラにしても、九十歳の女が子を産めるだろうか』」（同一七節）。

神は、この時を待っておられたのです。アブラハムの求める可能性の限界が来るのを待っておられたのです。そのとき、全能の神が働かれる準備が整いました。そのことは、この後でお話しします。

イスラエルの民のアイデンティティ

神が全能であることを信じる民族が存在し、数千年間その信仰が貫かれてきたことをどのように説明したらいいでしょう。説明は不可能です。ただ歴史の事実がそれを信じさせ、世代を超えて受け継いできたのです。その歴史的事実の最たるものは、「出エジプト」と言われる出来事です。

神は、エジプトで奴隷として捕らえられていた大民族を脱出させます。脱出後、追い迫るエジプトの軍勢と、目前に広がる海に挟まれて絶体絶命の危機に瀕した彼らに、神は海を二つに分け彼らを脱出させます。その記録に目を留めてください。

「モーセが手を海に向けて伸ばすと、主は一晩中、強い東風で海を押し戻し、海を乾いた地とされた。水は分かれた。イスラエルの子らは、海の真ん中の乾いた地面を進んで行った。水は彼らのために右も左も壁になった。エジプト人は追跡し、ファラオの馬も戦車も騎兵もみな、イスラエルの子らの後を海の中に入って行った。朝の見張りのころ、主は火と雲の柱の中からエジプトの陣営を見下ろし、エジプトの陣営を混乱に陥れ、戦車の車輪を外してその動きを阻んだ。それでエジプト人は言った。『イスラエルの前から逃げよう。主が彼らのためにエジプトと戦っているのだ。』主はモーセに言われた。『あなたの手を海に向けて伸ばし、エジプト人と、その戦車、その騎兵の上に水が戻るようにせよ。』モーセが手を海に向けて伸ばすと、夜明けに海が元の状態に戻った。エジプト人は迫り来る水から逃れようとしたが、主はエジプト人を海のただ中に投げ込まれた。水は元に戻り、後を追って海に入ったファラオの全軍勢の戦車と騎兵をおおった。残った者は一人もいなかった。イスラエルの子らは海の真ん中の乾いた地面を歩いて行った。水は彼らのために右も左も壁になっていた。こうして主は、その日、イスラエルをエジプト人の手から救われた。イスラエルは、エジプト人が海辺で死んでいるのを見た。イスラエルは、主がエジプトに行われた、この大いなる御力を見た。それで民は主を恐れ、主とそのしもべモーセを信じた。」

（出エジプト一四・二二～三一）

そのようなことがあり得るだろうか、古代文書の神話ではないのか——。多くの人はそのように考えるのです。あるいは、自然現象の誇張した表現ではないのか、という考え方です。

しかし、イスラエルの人々は国を挙げてこの歴史的出来事を建国の起源に挙げています。日本の古事記、日本書紀の国造り神話のように受けとめる人々もいるのですが、歴史的状況から同じように見ることは無理があります。イスラエル民族は、この事実を記念する祭りを定め、一週間の生活パターンを守り続け、この大いなる奇跡を行われた「全能の神」を信じているのです。これを、元寇《げんこう》の役《えき》で二度の台風で守られた「神風」と同じだというでしょうか。

日本神話の〝神風〟は、太平洋戦争において吹かなかったことはだれでも知っています。それに比べ、イスラエルの全能の神による奇跡は、数限りなく行われています。聖書の〝神風〟は何度も何度も吹き続けてきたのです。ですからイスラエルの民は、父祖アブラハム以来受け継いできた「全能の神」の信仰に立ち続けているのです。聖書の予言どおり、千九百年の歴史を超えて約束の地に帰って来たこと自体、大きな奇跡を今も体験し続けている民族であることを表しています。

東京で活躍してこられたある牧師から、このようなことを聞きました。東大在学中から虚無感に打ちのめされてさまざまな宗教遍歴を重ね、キリスト教会にたどり着いたけれど、全能の神の存在を信じることができなくて、アメリカの神学校に学び聖書の歴史を学ぶ中で、イスラエルの存在こそが神の実在の証明になると確信できたそうです。そして、イエス・キリストの救いを信じることができ、日本で長く伝道しておられます。牧会はもとより、著述に講演に幅広く活躍されています。

キリスト教信仰の信じる「全能の主キリスト」

イスラエルの民と同じように、クリスチャンも全能の神を信じています。旧約聖書の全能の神の救い主「メシア」はイエスであり、イエスは「メシア」つまり「キリスト」であり、「救い主」であると信じるのです。ですから、「イエス・キリスト」という名前そのものが信仰の告白になるのです。

クリスチャンは、歴史における一点の出来事に信仰の根拠を置きます。それがキリストの十字架の死と三日後の復活です。あの弱く、不信仰で頼りないキリストの弟子たちが、確信をもって信じ、キリストのためにいのちをささげることができた理由はここにあります。

人が死者の中からよみがえるという話は、見たことも聞いたこともありません。しかし、復活されたイエスは、疑いを抱く弟子のトマスに現れて言われました。その箇所を引用します。「それから、トマスに言われた。『あなたの指をここに当てて、わたしの手を見なさい。手を伸ばして、わたしの脇腹に入れなさい。信じない者ではなく、信じる者になりなさい。』トマスはイエスに答えた。『私の主、私の神よ。』イエスは彼に言われた。『あなたはわたしを見たから信じたのですか。見ないで信じる人たちは幸いです』」（ヨハネ二〇・二四〜二七）。

キリスト教信仰の原点はここにあります。他の要因はありますが、キリストが復活したからキリスト教が誕生しました。復活を歴史的事実として受けとめるところに、キリスト教信仰の神髄があります。まさに、キリストの全能性を信じているのです。それは、イスラエルの民が紅海を割って、海を乾いた地を渡るようにされた全能の神を信じることと同じです。

イエス・キリストの全能性についてもう少し聖書を開きましょう。マタイの福音書一九章二六節をまず読みましょう。「イエスは彼らをじっと見つめて言われた。『それは人にはできないことですが、神にはどんなことでもできます。』」これは、神に不可能はないということです。主イエスご自身の語られた同じ出来事を弟子のマルコも書いています（マルコ一〇・二七参照）。

これは、「人にはできない」という有限性と限界さを語りつつ、「神にはできる」という神の全能性が一対にして語られているのです。神の全能性を信じるために、私の限界と有限さを徹底的に認める必要があります。その砕かれた心を悔い改めた心というのです。不可能性に打ちのめされた自分を神の前にさらけ出して、救いの御手を求める謙虚さがないかぎり、全能の神を信じることはできません。アブラハムが百歳になった時の状態です。創世記一八章に神の使いがアブラハムと妻のサラを訪ね、重ねて約束します。「主にとって不可能なことがあるだろうか。わたしは来年の今ごろ、定めた時に、あなたのところに戻って来る。そのとき、サラには男の子が生まれている」（創世一八・一四）。そして、その約束どおりイサクが誕生したのです。

思い返すのは、イエス・キリストの誕生を告げるおとめマリアへの御使いの告知です。「御使いは彼女に答えた。『聖霊があなたの上に臨み、いと高き方の力があなたをおおいます。それゆえ、生まれる子は聖なる者、神の子と呼ばれます。見なさい。あなたの親類のエリサベツ、あの人もあの年になって男の子を宿しています。不妊と言われていた人なのに、今はもう六か月です。神にとって不可能なことは何もありません』」（ルカ一・三五～三七）。

マリアの反応は当然のように、初めは信じられなかったのです。「マリアは御使いに言った。『どうしてそのようなことが起こるのでしょう。私は男の人を知りませんのに』」（同三四節）。

ここでも人の限界は、神の全能性の現れる時です。イエス・キリストは全能の神の力によってマリアの胎内に宿りました。そして、在世中のイエスは、律法学者のようにではなく「権威ある」教えを語られました（マタイ七・二九）。「地上で罪を赦す権威」を持っておられました（同九・六）。「汚れた霊を追い出し、あらゆる病気をいやす権威」（同一〇・一）を持っておられました。そして、復活の後ガリラヤの山で弟子たちに約束されたのです。「イエスは近づいて来て、彼らにこう言われた。『わたしには天においても地においても、すべての権威が与えられています』」（同二八・一八）。

すべての権威というのは、教えの権威、赦しの権威、癒やしの権威にとどまらず、天地万物のすべての権威、つまり、すべてにおいて主権を持っておられる、全能の神であるとの宣言です。

その権威はいつから持っておられたのでしょうか。それは、新約聖書ピリピ人への手紙二章六〜一一節で教えられています。

「キリストは、神の御姿であられるのに、神としてのあり方を捨てられないとは考えず、ご自分を空しくして、しもべの姿をとり、人間と同じようになられました。人としての姿をもって現れ、自らを低くして、死にまで、それも十字架の死にまで従われました。それゆえ神は、この方を高く上げて、すべての名にまさる名を与えられました。それは、イエスの名によって、天にあるもの、地にあるもの、地の下にあるもののすべてが膝をかがめ、すべての舌が『イエス・キリストは主です』と告白して、父なる神に栄光を帰するためです。」

イエス・キリストは、この世界に受肉される前に父なる神と同じ権威を持っておられました。

むすび

全能の神と、すべての権威を持っておられる神の御子イエス・キリストは、その権威を振りかざさず、号令一下の強勢的力を押し付けもせず、和解の福音を提供してくださいます。神の全能の力と権威を無視し、その御心に背く罪びとに対する救いの良きおとずれとなってくださったのです。それは、コリント人への手紙第二、五章一七節から二一節に告げられています。

「キリストはすべての人のために死なれました。それは、生きている人々が、もはや自分のためにではなく、自分のために死んでよみがえった方のために生きるためです。ですから、私たちは今後、肉にしたがって人を知ろうとはしません。かつては肉にしたがってキリストを知っていたとしても、今はもうそのような知り方はしません。ですから、だれでもキリストのうちにあるなら、その人は新しく造られた者です。古いものは過ぎ去って、見よ、すべてが新しくなりました。これらのことはすべて、神から出ています。神は、キリストによって私たちをご自分と和解させ、また、和解の務めを私たちに与えてくださいました。すなわち、神はキリストにあって、この世をご自分と和解させ、背きの責任を人々に負わせず、和解のことばを私たちに委ねられました。こういうわけで、神が私たちを通して勧めておられるのですから、私たちはキリストに代わる使節なのです。私たちはキリストに代わって願います。神と和解させていただきなさい。神は、罪を知らない方を私たちのために罪とされました。それは、私たちがこの方にあって神の義となるためです。」

神は、和解の務めを和解の使者にゆだね、命令ではなく謙虚に勧めています。いいえ、それ以上に「願う」と言っておられます。それは懇願するという強い意味があります。「お願いだから信じてほしい。信じてください。これこのとおり、頭を下げて頼みます」ということです。

人が、だれかの願いによって、その人のゆえにキリストを信じることは、真の信仰告白とは言えません。自分自身の告白が求められます。そして、だれかほかの人の願い以上に、神が和解の福音を信じることを懇願しておられるのです。その懇願に、自分自身が自主的に応答することが、真の信仰告白と言えるのです。

ですから、私たちも最後に心を込めて告白しましょう。「我は全能の神を信ず」と。

わたしの神、わたしの父

ローマ人への手紙八章一四～一七節

本書では一貫して、キリスト教信仰は何を信じているか、という問いに答えるような内容を記しています。「あなたは何を信じているのですか」という質問に対する答えです。そこで、キリスト教信仰の最も基本的で中心的な使徒信条という、初期の信仰告白文をできるだけわかりやすくお話しするようにします。今まで、神は天地の造り主であり、全能であることを見てきました。ここでは、もっと身近なお方であることをお話しします。

父なる神を信じる

聖書の神は、「父なる神」と呼ばれています。私は西大寺キリスト教会のもとにＮＰＯ法人「あい愛」という老人介護施設の理事長をしています。先日、デイサービスのご利用者さんの男性から、「先生。キリスト教の神はなぜ父なる神というのですか。母なる神ではいけないのですか」というご質問をいただきました。いきなりの質問にあまり上手に答えられなかったのですが、そのことからお話を始めていきます。

御子イエス・キリストからの呼び名

イエス・キリストは、弟子たちに祈りを教えられたとき、神さまの呼び名から教えてくださったのです。「ですから、あなたがたはこう祈りなさい。『天にいます私たちの父よ。御名が聖なるものとされますように』」（マタイ六・九）。また、ご自身が祈られるとき「父よ」と呼びかけられたのです。地上での最後の祈りの十字架前夜、ヨハネの福音書一七章で「父よ」と五回呼びかけておられます。その一節から二六節のすべてが祈りの言葉であり、繰り返し「父よ」と親しく話しかけているのです。

使徒信条の最初の言葉をご存じでしょうか。「我は天地の造り主、全能の父なる神を信ず」とあります。「父なる神」という言葉の前に、「天地の造り主」「全能の」というたいそうな肩書きがあります。ユダヤ人は「神の名をみだりに唱えてはならない」という十戒を守って、「父よ」と呼ぶことはほとんどしなかったのです。それを、イエス・キリストは親しく「父よ」と呼びかけられました。このイエスは、続く使徒信条の言葉、「我はその独り子」という方だからです。

本来、神の独り子だけが「わたしの父」と呼べるのです。そのお方の父なる神様です。他にだれも神を父と呼べるものはありません。これが、ご質問への答えです。

御子イエス・キリストに結ばれて

ところが、私たちが主イエス・キリストの十字架の身代わりの救いを信じ救われたとき、私たちもまたこの御子にあってイエス・キリストの父なる神を「わたしの神、わたしの父」と呼ぶことのできる世界が開かれたのです。それは、主の弟子ヨハネが記した、ヨハネの福音書一章一二節に約束されているからです。「しかし、この方を受け入れた人々、すなわち、その名を信じた人々には、神の子どもとなる特権をお与えになった。」

こうして神の御子イエス・キリストの父なる神を、今や私たちも「父よ」と呼ぶことのできる関係に入れられていることが、今の私たちに与えられている救いの恵みなのです。またすべての人に与えられており、キリスト教信仰を告白するだれもが神の子となって、「父よ」と呼ぶことができます。

この良い知らせを「福音」と呼び、イエス・キリストの救いの生涯を四人の弟子たちが記録した文書を「福音書」と言います。いわゆる皆様おなじみの「ゴスペル」です。本来、God Spell を意味します。「良い知らせ」ということですが、今ではブラック・ゴスペル（黒人霊歌）として知られています。

ところで、神を「父よ」と呼ぶことは決して当たり前のことではありません。ましてイエスが「主の祈り」において御子イエス・キリストの父なる神を、「私たちの父よ」と呼ぶという驚くべき事実に、恵みの福音があるのです。さらに、冒頭でも挙げたローマ人への手紙において「アバ、父」と呼ぶ神の御霊を受けたというのです。「あなたがたは、人を再び恐怖に陥れる、奴隷の霊を受けたのではなく、子とする御霊を受けたのです。この御霊によって、私たちは『アバ、父』と叫びます」（ローマ八・一五）。

「アバ」というアラム語の意味は、幼い子どもがお父さんに呼びかける言葉で、「お父ちゃん」という、親密で愛に満ちた交わりの関係を生み出す言葉です。私も父への呼びかけの言葉が年齢とともに変化したことを経験しました。「あば、あば」という赤ちゃんの時から始まり、お父ちゃん、お父さん、おやじとなっていきました。三人称で「父」と呼ぶようになり、亡くなった父の行年を六歳も超えた今でも懐かしく、感謝に満ちた思いが折に触れよみがえってくるのです。時に厳しく、怖かった明治生まれの親父も、優しかった在りし日のあれこれのしぐさも、昨日のように思われてなりません。

だれ一人近づけない聖なるお方、全能の主なる神を「我が父」と呼べる幸いを知った喜びは何ものにも代えがたいことです。まして、妻との間に三人の子どもたちに恵まれ、我が子のためならいのちも惜しくないと思える経験をした今になって、父の愛の深さがしのばれます。

それもこれも、イエス・キリストによる救いをいただいてからようやく身に染みて受け止められた愚かな者でありました。若い時には、父の愛を疑い、憎しみを抱いたこともあった私の罪を、主イエス・キリストの十字架の血で洗っていただいて、罪赦された恵みを知ったからでありました。

父なる神の相続人

「アバ、父よ」と呼ぶ御子の御霊

先のローマ人への手紙八章一七節に、神の子どもとされた者は神の相続人であると約束されています。神の相続人になることは、次のみことばにも書かれています。「そして、あなたがたが子であるので、神は『アバ、父よ』と叫ぶ御子の御霊を、私たちの心に遣わされました。ですから、あなたはもはや奴隷ではなく、子です。子であれば、神による相続人です」（ガラテヤ四・六～七）。

これらのみことばは、私たちが御子イエス・キリストの救いにあずかるときに、私たちのうちに御霊が与えられ、この御霊のお働きによって私たちは主イエス・キリストと一つに結び合わされ、それによって「神の子」としての身分を与えられ、主イエス・キリストの父なる神を「わたしの父」と呼ぶことができるようになったことは、前にも述べました。御霊とは、神の聖い霊のことです。聖書の神についてイエス・キリストは、サマリアの町に住むワケアリの女性に教えられました。「神は霊ですから、神を礼拝する人は、御霊と真理によって礼拝しなければなりません」（ヨハネ四・二四）。

聖書を通してご自身を表しておられる神のご本質は「霊」だというのです。神の御子イエス・キリストの霊を、「御霊」と言います。このことは、またの別の章で詳しく話します。ここでは、「聖霊」と「御霊」は同じ神の霊であって、使われる文章の前後関係と位置づけの中で使い分けられているということです。「聖霊」はギリシア語で「プニューマ」という語の頭文字が大文字で書かれていて、「御霊」も同じプニューマですが、頭文字が小文字です。その意味は、両方とも「神の霊」です。

私が、二十五歳の神学生時代に書き下ろした論「いつ聖霊を受けるのか」は、後に書籍として発行しましたが、この恵みを取り扱ったものでした。余談になりますが、この本が「みことばに聴くシリーズⅠ」であったことが、私の生涯の方向性を決めることになりました。

繰り返して言いますが、イエス・キリストの救いを「信仰」によって自分のうちに受け入れたとき、神は「御子の御霊を私たちの心に遣わされ」ました。その御霊が「アバ、父よ」と呼ばせ、神の相続人とし、神の国の相続の保証となってくださいます。「このキリストにあって、あなたがたもまた、真理のことば、あなたがたの救いの福音を聞いてそれを信じたことにより、約束の聖霊によって証印を押されました。聖霊は私たちが御国を受け継ぐことの保証です。このことは、私たちが贖われて神のものとされ、神の栄光がほめたたえられるためです」（エペソ一・一三〜一四）。

神の御霊と私たち人間の霊の証言

ローマ人への手紙八章一六節で「御霊ご自身が、私たちの霊とともに、私たちが神の子どもであることを証ししてくださいます」とありました。ここには「御霊なる神」と「私たちの霊」があります。神の御霊については、先ほど説明しました。

「私たちの霊」について、まず聖書以外の考え方から考えてみましょう。「人間は万物の霊長」という言葉があるように、霊的存在者です。しかしその場合、人間の霊と他の動物の霊との区別がありません。万物に霊があるという汎神論哲学に立つ人間観によって、「万物の霊長」という表現がされていると思われます。ことわざに「一寸の虫にも五分の魂」とあるように、すべての生きとし生けるものに霊魂が宿っているというわけです。

また、人間の霊にも死後の霊があり、死霊、怨霊、幽霊、守護霊などさまざまな呼び名がつけられています。古くからこの国でも人が死ぬということは、体から霊魂が分離することだと考えられてきました。そこで霊魂を呼び戻す通夜の習慣が生まれ、霊魂の依り代として位牌が大切にされています。日本の仏教の多くの宗派は、仏壇や墓や位牌に入魂したり、取り除いたりする儀式を行います。これは、中国や日本で広く定着してきた霊魂の着脱を前提とした考えが受け入れられているためです。つまり、霊魂は体や物から離れることも入ることも自在であり、浮遊したり、取りつくことさえ、さらには分けることさえ可能であると考えられ、それが今も根づいているのです。しかし、その確証はありません。伝統的慣習として受け入れているのです。

聖書は、人間の霊をどのように教えているのでしょう。先ほどの「私たちの霊」という箇所の意味です。聖書は創世記の初めに人間を創造されたことを記しています。「神は人をご自身のかたちとして創造された。神のかたちとして人を創造し、男と女に彼らを創造された」（創世一・二七）。

「神のかたち」とは「神の似姿」であって、霊なる神の本質に似たものとして造られているのです。言い換えれば、人格の本源である神に似たものです。神との霊的交わりを与えられている特別な唯一の被造物です。「神である主は、その大地のちりで人を形造り、その鼻にいのちの息を吹き込まれた。それで人は生きるものとなった」（同二・七）にある、いのちの「息」は、ヘブル語の「ルアッハ」で、息、風、霊という意味です。もっと身近な表現をすれば人格とか、自我ということでしょうか。「私は私である」というアイデンティティの中心であり、「私」という固有の人間存在全体を反映しています。

「神のかたち」という特別な祝福を与えられた人間が、ただ一つの禁令を破って罪に堕落したのが、創世記三章のエデンの園での出来事です。その時、神のかたちは損なわれ、霊的な死を味わったのです。そのことを新約聖書ローマ人への手紙五章一二節で、使徒パウロは神の啓示を記しています。「こういうわけで、ちょうど一人の人によって罪が世界に入り、罪によって死が入り、こうして、すべての人が罪を犯したので、死がすべての人に広がったのと同様に……。」使徒パウロは、エペソの教会にも霊的な死について書き送っています。「さて、あなたがたは自分の背きと罪の中に死んでいた者であり、かつては、それらの罪の中にあってこの世の流れに従い、空中の権威を持つ支配者、すなわち、不従順の子らの中に今も働いている霊に従って歩んでいました」（エペソ二・一〜二）。

すべての人は、神との霊的な関係を断たれ、霊的に死んだ状態に陥っていたのですが、めぐみ深い神は使徒パウロによって同じ手紙でその解決を述べています。「私たちもみな、不従順の子らの中にあって、かつては自分の肉の欲のままに生き、肉と心の望むことを行い、ほかの人たちと同じように、生まれながら御怒りを受けるべき子らでした。しかし、あわれみ豊かな神は、私たちを愛してくださったその大きな愛のゆえに、背きの中に死んでいた私たちを、キリストとともに生かしてくださいました。あなたがたが救われたのは恵みによるのです」(同三～五節)。
ローマ人への手紙八章一六節に約束されているように、イエス・キリストを信じて救われた私たちの霊は、私たちが神の子どもであることを証ししてくれます。そして、神の御霊は私たちとともにいてくださるのです。ヨハネの福音書一四章一六～一七節を聴いてください。

「そしてわたしが父にお願いすると、父はもう一人の助け主をお与えくださり、その助け主がいつまでも、あなたがたとともにいるようにしてくださいます。この方は真理の御霊です。世はこの方を見ることも知ることもないので、受け入れることができません。あなたがたは、この方を知っています。この方はあなたがたとともにおられ、また、あなたがたのうちにおられるようになるのです。」

むすび

私の神、私の父は、続く一八節で言われました。「わたしは、あなたがたを捨てて孤児にはしません。あなたがたのところに戻って来ます。」この約束をだれにでも受け取っていただきたいのです。

神に造られた人として生きる

詩篇一二一篇一～八節
エペソ人への手紙二章一〇節

使徒信条の初めから、キリスト教信仰の中心を三回にわたってお話ししてきました。ここでは、その信仰に生きるとは、どのような生き方であるのかをお伝えします。聖書の神を信じる人の現実の生活と心のありようについて、具体的に話したいのです。

天地の造り主を信じているから

「天地」とは、すべてのものの根拠を意味していることは前に言いました。あらゆる場所、つまり空間のすべてと、過去、現在、未来の一切の時間も神が造られ、支配しておられるということです。形而下的なあらゆる法則も、形而上の課題である存在理由も、目的も、価値も全部ひっくるめて、神がお造りになったものだというのです。そこには、当然のことですが私たち人間の人生観、死生観、苦難観も含まれてきます。

キリスト教信仰というものは、単に、心の中の片隅のことでしかないように思ってはいけません。神は、天地万物をお造りになった最後に、「ご自分のお造りになったものをよしとされた」と言われました。神はご自身の創造の業に満足の意を表しておられます。創造の第七の日、安息の日を神は祝福され、ご自分のお造りになったすべてのものを喜ばれました。私たちがそれを信じるということは、神が造られたものすべてを受け入れるという意味があります。造り主の神を信じてこの世界に生きるとは、人生の受けとめ方が、基本的に楽観的、肯定的な人生観に立つということです。

よく言われる信仰の表現に、「いつでも・どこでも・なんでも・どうでも」とあります。「あんなものは神さまが造られたはずがない」とか、「どうしてこんなことを神さまがお許しになったのか」という局面に、毎日のようにぶつかります。イスラエルの歴史も私たちと同様でした。

自然界の災害による苦しみや、人的原因で起こる災いも数限りなく押し寄せる中で、それでも神を信じ、神の愛に生きるという勇気と決断をもって戦い続けることが、天地万物の造り主を信じる者の選択した人生です。「なぜ」「どうして」と思う心と闘いながら、「神はこれをよしとされた」という肯定の心を持ち続けるのです。もちろん、すべての苦難の原因や、人生の不条理を神に帰すことはできません。創造された素晴らしい完全な世界の中で、神のかたちに似せて造られた最初の人間が神に背いてこの世界に罪が入り、罪によって死が入って、この世界は呪われてしまったことを、度外視することは間違っています。

しかし、最終的な権威は神さまにあることは決してなくなりません。そして最終的救済計画を完成してくださる約束も与えられています。かつて、「人生無意味」と断定し、虚無の中に漂っていた私が造りかえられたことは、だれよりも私自身が一番知っています。造りかえられたのです。新しく。そのことを次に述べます。

キリストによる再創造

私は、二十歳の春に教会に行き始めました。暗いニヒルな青年でした。何も信じられないと思いつつ、何かを求め続けていました。蛇の生殺しのような状態でした。ところが、思いがけず救い主イエス・キリストに出会ったのです。その時は、書物を通していろいろな精神的、哲学的、心理的、宗教的遍歴を経た後で訪れました。その聖書のことばは、教会の特別集会での言葉でした。「ですから、だれでもキリストのうちにあるなら、その人は新しく造られた者です。古いものは過ぎ去って、見よ、すべてが新しくなりました」（Ⅱコリント五・一七）。

その、求道の遍歴は失恋の痛手と重なって訪れましたが、最大の心の痛手は自分の存在理由がわからなかったことにあります。「自分は、何のために生まれ、何をするために生きているのか」という問いかけです。創世記の三章で「あなたはどこにいるのか」と、アダムに呼びかける神の声はまだ私にまで届いていなかったのです。その答えが、同じ聖書のすぐ前にあったのです。

「というのは、キリストの愛が私たちを捕らえているからです。私たちはこう考えました。一人の人がすべての人のために死んだ以上、すべての人が死んだのである、と。キリストはすべての人のために死なれました。それは、生きている人々が、もはや自分のためにではなく、自分のために死んでよみがえった方のために生きるためです。」（同五・一四～一五）

この言葉を聞いた数か月後、失恋して酒に酔い、川に落ちてあわや水死寸前の危機から奇跡的に助けられて、キリストを信じる決断に導かれました。これが、私の新しい生まれ変わりの時でした。いわゆる新生の経験です。キリストを信じる信仰を与えられて、再創造されたのだと後で知りました。

その後、聖書によって私の虚無的な思いの原因は神から離れていることにあると知らされました。それは、新約聖書エペソ人への手紙二章にありました。「さて、あなたがたは自分の背きと罪の中に死んでいた者であり、かつては、それらの罪の中にあってこの世の流れに従い、空中の権威を持つ支配者、すなわち、不従順の子らの中に今も働いている霊に従って歩んでいました」(一～二節)。

私の虚しさの源がどこにあるかを知ったとき、同時にそこから抜け出す救いの道も与えられたのです。それは、すぐ後の七～九節のことばでした。「それは、キリスト・イエスにあって私たちに与えられた慈愛によって、この限りなく豊かな恵みを、来たるべき世々に示すためでした。この恵みのゆえに、あなたがたは信仰によって救われたのです。それはあなたがたから出たことではなく、神の賜物です。行いによるのではありません。だれも誇ることのないためです。」

イエス・キリストの十字架の身代わりの死が、自分のためであったと信じられた時に、私が救われたこととの意味がより深く理解できたのです。そのエペソ人への手紙二章一〇節に、キリストによる新生の恵みが書かれていました。「実に、私たちは神の作品であって、良い行いをするためにキリスト・イエスにあって造られたのです。神は、私たちが良い行いに歩むように、その良い行いをあらかじめ備えてくださいました。」

私がキリストを信じたとは、罪の中に死んでいた私がキリストとともによみがえらされ、キリストとともに生きる者とされているということでした。だから、それは心の中の思いだけではなく、神によって新しい作品として造られていることだとわかったのです。「古いものは過ぎ去って、見よ、すべてが新しくなりました」ということは、私の人生の事実となったのです。

イエス・キリストを信じて救われた人はだれでも、生きる目的を与えられています。「良い行いをするために」という目的です。神さまは、罪を赦して新しく再創造したご自分の民を、創造の祝福の中に置き、それを喜んでおられます。かつて創世記にあるように、すべての創造のみわざが終わったとき、「すべてがよかった」と喜ばれました。何も行わない時に、私たちは神さまに良いものとして造られたという、事実を信じるべきです。その事実をイエス・キリストを信じる自分と、教会の信仰の仲間たちに言い聞かせましょう。「私たちは今、神の創造の祝福の中にある」と。そして、日々の小さな歩みの中で、神が「あらかじめ備えてくださった」良い行いを、こつこつと歩き続ける中で行われていくのです。

クリスチャンライフは特別なことというよりは、本来あるべき人間の姿になることです。神さまは、だれでも差別なく、自由にご自分のところに帰ってくるのを待っておられます。有名なイギリスの讃美歌が心に響いてきます。

一　主はあなたを呼ばれる　みもとに帰れと
　愛と赦し与える　神のみもとに
（くりかえし）

帰れと　やさしく
主イェスは　今　呼んでおられる
二　疲れ果てた人さえ　招いて　休ませ
重荷すべて負われる　イェスのみ恵み
三　イェスは待っておられる　すべてを打ち明け
罪、汚れあるまま　みもとに帰れ
四　あなたを呼ぶ御声に　今すぐ応えよ
心満たす喜び　イェスはくださる

（『教会福音讃美歌』三〇〇番「主はあなたを呼ばれる」）

天地を造られた主からくる助け

章の冒頭に挙げた詩篇一二一篇を開いて味わいましょう。この詩篇はよく知られています。表題は「都のぼりの歌」とありますが、神殿礼拝をすませて帰っていく時の歌ではないかとも言われています。参拝者と参拝者を見送る神殿に仕える祭司の掛け合いの歌ではなかったか、というのです。「わたし」と「あなた」が互いに呼びかけ合う賛美です。この詩篇をもとに作られた有名な讃美歌もあります。「山辺に向かいてわれ、目を上ぐ」という歌詞で日本人好みの賛美です。
一二一篇一、二節は礼拝を終えて帰る参詣者の確信の歌と単純に理解すれば、続く三節以降は、祭司の見送りの歌、励ましの歌と言えるでしょう。

「**主**は　あなたの足をよろけさせず
あなたを守る方は　まどろむこともない。
見よ　イスラエルを守る方は
まどろむこともなく　眠ることもない。
主はあなたを守る方。
主はあなたの右手をおおう陰。
昼も　日があなたを打つことはなく
夜も　月があなたを打つことはない。
主は　すべてのわざわいからあなたを守り
あなたのたましいを守られる。
主はあなたを　行くにも帰るにも
今よりとこしえまでも守られる。」

「天地を造られた主からくる」と、巡礼者は眼前に仰ぎ見る山影の背後に天地の創造主を見上げて歌います。荒野と山々を辿《たど》る危険な当時の巡礼の旅です。自然は厳しさを持っています。心を和ませ、守ってくれる日本的な故郷の山川でも、神秘の力を持つご神体として参拝される山でもありません。旅人は、礼拝をささげる創造主である神への信仰を再び呼び覚まされているのです。山々も、荒涼たる大地も、天空の輝く太陽も、美しい夜空に冴えわたる月も、神の御手によって造られたことを固く信じて疑うことがありません。創造主に導かれるイスラエルの民は、昼夜を分かたず天空を明るく照らす太陽と月が、創造主を讃えていることを歌い上げるのです。

「足をよろけさせず」（詩一二一・三）とは、巡礼者の辿る荒野の難路を思わせます。人生の厳しい道中で、幾たびか足をすくわれ倒れてしまったことはないでしょうか。詩篇三七章二三～二四節の約束があります。「主によって　人の歩みは確かにされる。主はその人の道を喜ばれる。その人は転んでも　倒れ伏すことはない。主が　その人の腕を支えておられるからだ。」

「まどろむこともなく　眠ることもない」（同四節）は、野営の旅寝の心細さにおののく時の心境です。野獣や盗賊の襲撃がないとは言えません。そんな時、巡礼者は自分に言い聞かせます。「私を守る方はおられる。その方は、一晩中一睡もせずに私を見守っていてくださる」と。人生の長い旅路には、思いもかけない天変地異が待ち受けています。近年の異常気象による想像を絶する災害が、いたるところで襲って来ます。一二一篇の後半はその危険の中で、守られる幸いを謳っています。「今よりとこしえまでも」と。とこしえのいのちの望みと平安が、主イエス・キリストの復活によって保証されています。そこに至るまで、老いの坂道を上る私たちに、先ほどの詩篇三七篇二五節は追い迫るのです。「若かったころも年老いた今も　私は見たことがない。正しい人が見捨てられることを。その子孫が食べ物を乞うことを。」

むすび

イスラエルの二代目の王ダビデは、先代サウル王との戦いに勝利を収めたことについて、サムエル記第二、二二章で賛美の歌をささげています。

「主がダビデを、すべての敵の手、特にサウルの手から救い出された日に、彼はこの歌のことばを主に歌った。彼は言った。『主よ、わが巌、わが砦、わが救い主よ、身を避ける、わが岩なる神よ。わが盾、わが救いの角、わがやぐら、わが逃れ場、わが救い主、あなたは私を暴虐から救われます。ほめたたえられる方、この主を呼び求めると、私は敵から救われる。死の波は私を取り巻き、滅びの激流は私をおびえさせた。よみの綱は私を取り囲み、死の罠は私に立ち向かった。私は苦しみの中で主を呼び求め、わが神に叫んだ。主はその宮で私の声を聞かれ、私の叫びは御耳に届いた。」

（Ⅱサムエル二二・一～七）

新約聖書のイエス・キリストの福音に生きる使徒パウロの、勝利の賛美も味わいましょう。

「だれが、私たちをキリストの愛から引き離すのですか。苦難ですか、苦悩ですか、迫害ですか、飢えですか、裸ですか、危険ですか、剣ですか。こう書かれています。『あなたのために、私たちは休みなく殺され、屠られる羊と見なされています。』しかし、これらすべてにおいても、私たちを愛してくださった方によって、私たちは圧倒的な勝利者です。私はこう確信しています。死も、いのちも、御使いたちも、支配者たちも、今あるものも、後に来るものも、力あるものも、高いところにあるものも、深いところにあるものも、そのほかのどんな被造物も、私たちの主キリスト・イエスにある神の愛から、私たちを引き離すことはできません。」

（ローマ八・三五～三九）

あなたは神に造られた新しい人ですか。クリスチャンはそのことを自覚しましょう。「私は新しく生まれ変わっているのだ」と。まだイエス・キリストを信じていない方は、天地の造り主を信じて新しく生まれ変わることを、主に願い、祈りましょう。

父なる神の独り子の神

ヨハネの福音書一章一四～一八節

本書では、わかりやすいキリスト教信仰の基本的なメッセージを目指しています。使徒信条という、古代キリスト教信仰の告白文を解説する形をとっています。今まで、四回にわたってお話ししてきました。これまでは、父なる神についてのメッセージでした。

ここからは、使徒信条の第二項、あるいは第二条というべき内容に移ります。第一項の内容に比べて内容が豊富です。あらためて紹介します。以後、第〇項と言います。以下は、使徒信条の第二項の内容です。

我はその独り子、われらの主、イエス・キリストを信ず。
主は聖霊によりてやどり、おとめマリアより生まれ、
ポンテオ・ピラトのもとに苦しみを受け、十字架につけられ、

死にて葬られ、陰府《よみ》にくだり、三日目に死人のうちよりよみがえり、
天に昇り、全能の父なる神の右に座し給えり。
かしこより来りて生ける者と死にたる者とを審《さば》きたまわん。

ここからは、「我はその独り子」と言われるイエス・キリストについての話です。使徒信条の初め、第一項で「父なる神」について学びました。ところが、この第二項で独り子なる神「イエス・キリスト」について学ぼうとしています。そして第三項で、「聖霊なる神」について告白されています。当然のように、疑問がわいてきます。神は唯一のお方であるのに、父と、子と、聖霊の三人の神がいるのかという疑問です。この大きな疑問の答えは、「神は三位一体である」と言いますが、その詳しい説明は折に触れて述べ、最終的に後の第三項で説明することにします。

独り子の神

「独り子の神」というフレーズが登場する福音書の箇所を冒頭に掲げました。この箇所から「神の独り子」としてのイエス・キリストについて注目しましょう。「いまだかつて神を見た者はいない。父のふところにおられるひとり子の神が、神を説き明かされたのである」（ヨハネ一・

一八)。冒頭の聖書の箇所には、主イエス・キリストについての偉大な説明があり、それらはキリスト教信仰の原理を表しています。

すべての信者の霊的必要を満たす方

一五節に、「ヨハネはこの方について証しして、こう叫んだ。『私の後に来られる方は、私にまさる方です。私より先におられたからです』と私が言ったのは、この方のことです」とあります。イエス・キリストに洗礼を授けたバプテスマのヨハネの証言です。後に、史上最高の人物であると、主イエスに評価された偉大な人です。

新約聖書は、この言葉の裏付けを、使徒パウロのコロサイ人への手紙で述べています。「なぜなら神は、ご自分の満ち満ちたものをすべて御子のうちに宿らせ」(コロサイ一・一九)、「このキリストのうちに、知恵と知識の宝がすべて隠されています」(同二・三)。

イエス・キリストのうちには無尽蔵の豊かさがあります。時と永遠のすべてにわたって、罪びとの必要の一切が無限に備えられているのです。使徒パウロはエペソの教会にも伝えます。「私たちの主イエス・キリストの父である神がほめたたえられますように。神はキリストにあって、天上にあるすべての霊的祝福をもって私たちを祝福してくださいました」(エペソ一・三)。

「モーセに対するキリスト」と「律法に対する福音」の優位性

ヨハネの福音書一章一七節は「律法はモーセによって与えられ、恵みとまことはイエス・キリストによって実現したからである」と記しています。私の著書の一つ、『契約と贖いから味わう「神のことば」――私なりの十戒』に書きましたが、モーセは、イスラエルの民に律法を伝達するために「しもべとして」神に用いられた人物です。次に引用する新約聖書ヘブル人への手紙にあるとおりです。「モーセは、後に語られることを証しするために、神の家全体の中でしもべとして忠実でした。しかしキリストは、御子として神の家を治めることに忠実でした」（ヘブル三・五～六）。

モーセは、しもべとして自分を任命してくださった方に忠実でした。しかし、彼は偉大ではあったけれど、ひとりのしもべに過ぎなかったのです。モーセが、シナイ山から持ち帰った石の板に記された神のことば「律法」は聖なるものであり、また、正しい、良いものでした。しかし、この律法は人を義とすることができなかったのです。罪に汚れ、病めるたましいに対して、癒やす力がなく（ローマ七・九～一二参）、やがて後に遣わされるイエス・キリストに導く養育係の役目を与えられていたのです（ガラテヤ三・二四参）。

キリストは、先ほどのヘブル人への手紙三章五、六節にあるように、神の「御子」すなわち神の「ひとり子」として世に来られました。「恵み」はキリストによって実現しました。イエス・キリストは、ご自分の血を信じる信仰による救いという、父なる神の恵み深いご計画を十分に知らせ、全世界に向かってあわれみの泉を開いてくださったのです。

「まこと」も、キリストによって来ました。イエス・キリストは、ご自分のご存在の本質によって、旧約聖書の動物の犠牲による贖いのひな型を完成させ、ご自身を真の犠牲としてささげ、真の恵みの座でとりなす大祭司として啓示されたからです。もちろん、モーセによる律法のもとでも、多くの「恵みとまこと」があったことは確かです。しかし、贖いはキリストの十字架の救いによる完成を待っていたのです。

「しかしキリストは、すでに実現したすばらしい事柄の大祭司として来られ、人の手で造った物でない、すなわち、この被造世界の物でない、もっと偉大な、もっと完全な幕屋を通り、また、雄やぎと子牛の血によってではなく、ご自分の血によって、ただ一度だけ聖所に入り、永遠の贖いを成し遂げられました。」

(ヘブル九・一一〜一二)

こうして、モーセに勝るキリストと、律法に勝る福音の優位性が全世界に示されました。

父なる神を人に啓示されたのは、ただキリストだけであった

ヨハネの福音書一章一八節に、「いまだかつて神を見た者はいない。父のふところにおられるひとり子の神が、神を説き明かされたのである」とあります。かつてイスラエルの民をエジプトから救い出した英雄モーセでさえ、次のように言われたのです。「あなたはわたしの顔を見ることはできない。人はわたしを見て、なお生きていることはできないからである」（出エジプト三三・二〇）。人は、だれであっても、絶対に神を正視することは許されなかったのです。本来、死ぬべきものである人間が、父なる神について知りうるぎりぎりの限界まで、神の御子は私たちに啓示してくださったのです。世界の基の据えられる前から、永遠の交わりのうちに、父のふところにおられた御子は、人の性質をおとりになりました。御父の完全さについてそのすべてを私たちに示そうとされたのです。御子イエスのみことば、行為、生命、死のすべてを通して、私たちは貧弱な心に、父なる神について教えられるのです。

神の完全な知恵、大いなる力、罪びとへの計り知れない愛、比類なき聖さ、罪に対する怒りと憎しみ、これらはキリストの生涯と十字架における死のうちに、明らかに現されたのです。「しかし、私たちがまだ罪人であったとき、キリストが私たちのために死なれたことによって、神は私たちに対するご自分の愛を明らかにしておられます」（ローマ五・八）。

初代教会の讃美の歌に次のようにあります。「キリストは肉において現れ、霊において義とされ、御使いたちに見られ、諸国の民の間で宣べ伝えられ、世界中で信じられ、栄光のうちに上げられた」（Ⅰテモテ三・一六）。

ヘブル人への手紙一章三節に、「御子は神の栄光の輝き、また神の本質の完全な現れであり、その力あるみことばによって万物を保っておられます」と記されています。イエス・キリストは、言われました。「わたしと父とは一つです」（ヨハネ一〇・三〇）。「わたしを見た人は、父を見たのです」（同一四・九）。もう一度、使徒パウロの宣言に耳を傾けましょう。「キリストのうちにこそ、神の満ち満ちたご性質が形をとって宿っています」（コロサイ二・九）。

このような聖書の教えを知る時に、冒頭で少し触れた三位一体の神について、正しい理解を持つ知識が与えられつつあるのではないでしょうか。父なる神と子なる神の二つのペルソナ（人格）の一体性について学んでいるのです。

私たちの間に住まわれる神

ヨハネの福音書一章一四節は有名な言葉です。

「ことばは人となって、私たちの間に住まわれた。私たちはこの方の栄光を見た。父のみもとから来られたひとり子としての栄光である。この方は恵みとまことに満ちておられた。」

ことばなる神

使徒ヨハネはその福音書一章の一節から、「初めにことばがあった。ことばは神とともにあった。ことばは神であった」と書き始めています。永遠なる神とともにおられた、神と同質の永遠性を持った神の御子イエス・キリストが、この世界に来られたというのです。「ことば」という表現は、当時の読者がよく理解できる「ロゴス」というギリシア語です。ラテン語で「ペルソナ」、つまり「人格」を持つお方であることを表しています。永遠の昔から神とともにあるキリストは、神とともにある神であったというのです。子なる神はある時に生まれたのではなく、「初めに神とともにおられた」(同二節)のです。イエス・キリストは、永遠の初めから神とともにあり、神と同質の存在であり、そして、キリストがこの世界のすべて、天地を造られたというのです。ヨハネは三節で述べています。「すべてのものは、この方によって造られた。造られたもので、この方によらずにできたものは一つもなかった。」

当時の世界には「グノーシス主義」という思想があって、その思想に影響されたキリスト教の異端が、〝キリストは神による最初の被造物である〟と主張しました。つまり、キリストは神より劣る存在で、神と同質ではないというのです。その異端説に対して、使徒信条が唱えたことは、ヨハネの信仰告白と同じです。ですから、先ほど一八節で「父なる神を人に啓示されたのは、ただキリストだけであった」ことにつながります。

受肉された神

永遠の世界に存在する方が、歴史の中に「人となって」来られたのです。ご自身が創造し、支配する天地の中に住まわれたとは驚きです。「私たちの間に住まわれた」という一四節の中で、「住む」と訳されたギリシア語は、「天幕を張る」とか、「テントの中に住む」という意味です。これは、キリストが天幕の中に入るように、人間の体のうちに三十三年間、永続的に住まわれたことを意味しています。この言葉から、私たちの救い主は、罪びとを救うために、ご自身の上に、人性をお取りくださったということです。

イエス・キリストは、罪を除いてその他の点ではすべて私たちと同様な人間であるということです。奇跡的な誕生ではあったが、私たちと同じように女性の胎内から生まれました。私たちのように、知恵と身の丈の両面において、嬰児から少年へ、それから大人へと成長されました（ルカ二・五二）。私たちと同じように、空腹、渇きを体験され、食事をし、飲み、疲労を覚え、苦痛を味わい、涙を流し、喜び、驚嘆し、怒り、またあわれみに心を動かされることもありました。私たちと同じように肉体をおとりになって、祈り、聖書を読み、試練に遭われ、人としての意思を父なる神の御旨に服することを選ばれました。

そしてついに、その人としての身体で、苦しみを受け、鞭打たれ、血を流し、十字架の上で実際に殺されたのです。そののち、葬られ、それから、よみがえられ、そして多くの人の前で天に昇って行かれたのです。これら一切の瞬間、瞬間において主イエスは、人であると同時に神であられたのです。

三位一体という大きな神秘は、説明不可能な理性を超えた概念です。啓示された神の言葉を信仰によって受け止める、啓示概念と呼ばれる真理です。さらに、キリストの一人格の中に、神性と人性の二つの性質の一致と結合があるという事実は、キリスト教信仰における最大の神秘の一つです。しかも、完全な事実です。神性と人性の二つの性質は決して混じり合うことがなく、そのどちらの性質が他方の性質を飲み込むことはなかったのです。

誕生から十字架の死に至るまで、復活と昇天の後、父なる神の右の座についておられるキリストは、百パーセント神であり、同時に百パーセント人間であられます。これを否定する信仰は、異端と呼ばれます。イエス・キリストは神であり、人であられるから、神と人との仲介者となることがおできになるのです。それを表す聖書の言葉を紹介しましょう。

「さて、私たちには、もろもろの天を通られた、神の子イエスという偉大な大祭司がおられるのですから、信仰の告白を堅く保とうではありませんか。私たちの大祭司は、私たちの弱さに同情できない方ではありません。罪は犯しませんでしたが、すべての点において、私たちと同じように試みにあわれたのです。ですから私たちは、あわれみを受け、また恵みをいただいて、折にかなった助けを受けるために、大胆に恵みの御座に近づこうではありませんか。」

（ヘブル四・一四〜一六）

むすび

私は多忙を極める生活の中で、虚血性心疾患となり、十数年後の今では心臓冠動脈に十七か所、カテーテル手術でステントが挿入されています。術後は自覚症状がないのですが、たえず主に生かされているという実感があります。私の実感以上に聖書の約束が力強く私を支え続けてくれます。「強くあれ。雄々しくあれ。彼らを恐れてはならない。おののいてはならない。あなたの神、主ご自身があなたとともに進まれるからだ。主はあなたを見放さず、あなたを見捨てない」（申命三一・六）。この約束は、神の御子イエス・キリストが引き継いでくださいます。ヘブル人への手紙一三章五節に「わたしは決してあなたを見放さず、あなたを見捨てない」とあるとおりです。

御子イエス・キリストが人となって私たちのもとに来て住んでくださり、「恵みとまことに満ちておられる」のです。このお方は私の傍らに立ち、私の悩みに耳を傾け、祈る私に目を注ぎ、「子よ。しっかりしなさい。あなたの罪は赦された」とおっしゃいます。この方を見たら、神がどのようなお方であるのかがよくわかります。そして、この方によらなければ、決して父なる神はわからないのです。

最後にヨハネの福音書一四章六～一一節、主イエスの言葉を読みましょう。

「イエスは彼に言われた。『わたしが道であり、真理であり、いのちなのです。わたしを通してでなければ、だれも父のみもとに行くことはできません。あなたがたがわたしを知っているなら、わたしの父をも知ることになります。今から父を知るのです。いや、すでにあなたがたは父を見たのです。』ピリポはイエスに言った。『主よ、私たちに父を見せてください。そうすれば満足します。』イエスは彼に言われた。『ピリポ、こんなに長い間、あなたがたと一緒にいるのに、わたしを知らないのですか。わたしを見た人は、父を見たのです。どうしてあなたは、『私たちに父を見せてください』というのですか。わたしが父のうちにいて、父がわたしのうちにおられることを、信じていないのですか。わたしがあなたがたに言うことばは、自分から話しているのではありません。わたしのうちにおられる父が、ご自分のわざを行っておられるのです。わたしが父のうちにいて、父がわたしのうちにおられると、わたしが言うのを信じなさい。信じられないのなら、わざのゆえに信じなさい。』」

イエスを「主」と呼ぶ信仰

使徒の働き一六章一一～一五節

今回は、第二項のイエス・キリストに関する二回目です。前回は、「父なる神の独り子の神」についてでした。この章では、「われらの主、イエス・キリストを信ず」から、「イエスを『主と呼ぶ信仰』」であるキリスト教信仰について語ります。イエス・キリストを主と信じる女性の物語から見ていきましょう。

ヨーロッパ最初の教会の誕生

使徒の働き一六章は、使徒パウロのピリピ伝道の物語です。ギリシアのマケドニア方面に渡ったのは神の御霊の導きであったと聖書は記録しています。使徒パウロがシラスとともにトロアスの町の港から出港したのは、助けを呼び求めるマケドニア人の幻を見たからでした。「その夜、パウロは幻を見た。一人のマケドニア人が立って、『マケドニアに渡って来て、私たちを助けてください』と懇願するのであった。パウロがこの幻を見たとき、私たちはただちにマケドニアに渡ることにした。彼らに福音を宣べ伝えるために、神が私たちを召しておられるのだと確信したからである」（使徒一六・九～一〇）。

マケドニア人とはギリシア人のことでしょう。ヨーロッパ伝道は、人間の計画を超えた神のご計画でした。そこから、地球の西回りの福音宣教が始まったのです。しかし、東回りの福音宣教はすでに始まっていたとも言われています。シルクロードを通り、はるか日本にまで福音が届いていた証拠と痕跡が、文書や遺跡によって数多く記録されています。アジアの国々や日本の各地で発見されています。

話は戻りますが、ピリピの教会は、主と使徒パウロたちに喜ばれた健康な教会になりました。パウロが後に手紙を書き送った宛先の教会です。使徒の働き一六章一一節は、「私たちは」という複数第一人称で書いてあります。「使徒の働き」は、パウロによって導かれた医者ルカが同行し、見聞記録した文書です。パウロとシラスの他にルカが同行していたのでしょう。一六章三節に記された、ギリシア人を父に持つテモテも同行していたと考えられます。パウロ一行は合わせて四人で、世界宣教の役者がそろいました。まさに、この一六章は教会と世界宣教の歴史において画期的な転換期の記録になりました。画期的な事件も次々に起こりました。一三～一五節は、求道心のある女性たちの救い、リディアとその家族の救い、一六～二三節の占いの霊の追い出しと、不法な迫害と留置、二四～三五節の大地震の中での奇跡、看守とその家族の救い、三六～四〇節でパウロは警視長官たちにローマの市民権を盾に貸しを作るなどなどです。いずれも、このちのヨーロッパ宣教のカギとなることでした。

なかでも、ピリピ教会の基礎が築かれたことが大きなことでした。リディアの家族、看守の家族たちを中心にピリピ教会は生まれ、愛と喜びの教会として発展したのです。伝道は、信者が生まれるだけで終わってはいけません。教会が生まれ、神の家族として成長し、実を結んでいくことが求められています。画期的な転機と言えば、ヨーロッパで最初にキリスト者となったのは女性であったということです。キリスト教会は、女性を尊重しなければ発展しないのです。この女性はバプテスマを受けて終わりではなく、パウロ一行を家に招き、客として迎えたのです。おそらく、パウロたちは遠慮したでしょうが、女性の熱心な招きに応じたのでしょう。記録を読みましょう。「そして、彼女とその家族の者たちがバプテスマを受けたとき、彼女は『私が主を信じる者だとお思いでしたら、私の家に来てお泊まりください』と懇願し、無理やり私たちにそうさせた」（同一五節）。

先ほども述べたように、ヨーロッパ最初のピリピ教会は、この家を土台にして誕生したことでしょう。それは、今でも同じように教会誕生の秘訣です。私の母教会の始まりもそのように女性たちを土台に始まりました。

そして、西大寺キリスト教会の始まりも同様です。佐藤邦之助牧師によって派遣された信徒伝道者、武用志芸姉は最初の女性信徒。そのご近所の女性。また教会学校教師とそのご主人の弟嫁。さらに小学校以来の同級生である三人の女性。それに続く、数人の女性たちです。

救われるためには、何をしなければならないか？

同じ使徒の働き一六章に、ピリピの牢獄の看守長の救いの記事があります。大地震で囚人たちが脱獄したと思い込んだ看守は、責任を取って自殺しようとしました。まさにそのとき、「自害してはいけない。私たちはみなここにいる」と叫んで看守の自害を思いとどまらせたのは、パウロでした。地震で牢獄の扉は開き、鎖は外れて完全に逃亡できる状態にある囚人たちが、一人も逃げようとせず、皆そこにいたのです。看守は、パウロとシラスの前にひれ伏して、「そして二人を外に連れ出して、『先生方。救われるためには、何をしなければなりませんか』と言った。二人は言った。『主イエスを信じなさい。そうすれば、あなたもあなたの家族も救われます』」（同三〇～三一節）。

ここで「先生方」と訳されている言葉は「主たち」という最大の尊敬を表す呼びかけです。

「主」イエスと同じ言葉です。囚人たちの脱獄したいという衝動を静めた伝道者たちのうちに、侵しがたい神聖さを感じ取ったのでしょう。看守は、思わず「救い」を得るための教えを求めたのです。その救いは、状況打開の方法ではなく、たましいの救いを求めたというべきでしょう。

パウロたちの答えは単純です。「主イエスを信じる」だけでいいというのです。これは、初代教会の信仰告白です。そして、今も同じ告白をすれば、人はだれでも救われるのです。主イエス・キリストの十二弟子のひとりトマスは、主の復活された日の夕方、他の十人の弟子たちが復活のキリストに出会ったとき、そこにいなかったので信じることができませんでした。誠実で、勇気のあるトマスは、復活の主を「見る」だけでなく、「触る」ことを同時に求めました。その一週間後に再び姿を現された復活の主を見たトマスは、イエスの復活の体に触るまでもなく、告白したのです。「トマスはイエスに答えた。『私の主、私の神よ』」（ヨハネ二〇・二八）。それに応える二九節の言葉です。「イエスは彼に言われた。『あなたはわたしを見たから信じたのですか。見ないで信じる人たちは幸いです。』」ここでも、信仰の告白はイエスを「主」とすることです。この告白は簡単なように見えますが、そこには少なくても次の三つのことが含まれています。

(1) 悔い改めを含んでいる

イエス・キリストの復活から五十日目、ギリシア語のペンテコステの日に、主イエスは天の父のみもとから約束の聖霊を注がれました。その日、ペテロの説教に心を刺された人々が「人々はこれを聞いて心を刺され、ペテロとほかの使徒たちに、『兄弟たち、私たちはどうしたらよいでしょうか』と言った」(使徒二・三七)。続く二章三八節です。「そこで、ペテロは彼らに言った。『それぞれ罪を赦していただくために、悔い改めて、イエス・キリストの名によってバプテスマを受けなさい。そうすれば、賜物として聖霊を受けます。』」つまり、罪の自覚と悔い改めなしに、罪からの救い主としての主イエスを信じることはあり得ないのです。この悔い改めも、神からの賜物であると初代教会の指導者たちは認めたのです。

「人々はこれを聞いて沈黙した。そして『それでは神は、いのちに至る悔い改めを異邦人にもお与えになったのだ』と言って、神をほめたたえた」(同一一・一八)。

(2) ナザレのイエスを救い主(主権者)と信じる

イエスという方は「いったいどういう方なのだろう」という疑問が、弟子たちの中から湧きあがりました。この方は、あらゆる面で圧倒的な権威を持っておられたからです。その主権は、すべての事柄に及びました。罪を赦す権威でした。マルコの福音書二章九節から一一節に記されています。「中風の人に『あなたの罪は赦された』と言うのと、『起きて、寝床をたたんで歩け』と言うのと、どちらが易しいか。しかし、人の子が地上で罪を赦す権威を持っていることを、あなたがたが知るために——。』そう言って、中風の人に言われた。『あなたに言う。起きなさい。寝床を担いで、家に帰りなさい。』」

同じマルコの福音書三章に、悪霊を追い出す権威を持っておられたことが記されており、四章では、「イエスは起き上がって風を叱りつけ、湖に『黙れ、静まれ』と言われた。すると風はやみ、すっかり凪になった。イエスは彼らに言われた。『どうして怖がるのですか。まだ信仰がないのですか。』彼らは非常に恐れて、互いに言った。『風や湖までが言うことを聞くとは、いったいこの方はどなたなのだろうか』」（三九～四一節）とあります。驚くべき権威です。

先ほどのマルコ二章の後半に、安息日問題の議論があります。ユダヤ人はモーセの十戒によって安息日律法を厳重に守ります。ところが、主イエスはご自分のことを安息日の主であると宣言されたのです。次は、その議論の結論部分二七～二八節です。「そして言われた。『安息日は人のために設けられたのです。人が安息日のために造られたのではありません。ですから、人の子は安息日にも主です。』」尋常な言葉ではありません。その宣言の意味は、「わたしが安息日を作った。律法もわたしが作った。だから、わたしがそれをどうしようが、何をしようが、わたしの勝手だろう」と言わんばかりです。

私は、教会に行き出して説教を聴いたり、聖書を読みだしたりしてあきれてしまったことを思い出します。イエスという人物はただ者ではない。単なる宗教家の域を超えている。聖人君子など比べたり、人類の四大聖人のひとりというにはあまりに違いすぎるという思いでした。その力や知恵、そして自己意識が全然レベルが違うのです。極めつきは、マルコの福音書一二章のイスラエルの宗教家たちとのやり取りに現れています。イエスの律法学者への質問です。三五節。「イエスは宮で教えていたとき、こう言われた。『どうして律法学者たちは、キリストをダビデの子だというのですか。』」

イエスは、律法学者に旧約聖書の詩篇一一〇篇を引用して言われました。「主は、私の主に言われた。『あなたは、わたしの右の座に着いていなさい。わたしがあなたの敵をあなたの足台とするまで。』ダビデ自身がキリストを主と呼んでいるのに、どうしてキリストがダビデの子なのでしょう」(マルコ一二・三六〜三七)。

このやり取りの意味について解説します。イエスは「ダビデの子(子孫)」ではあるが、「キリスト(救い主)ではない」とする律法学者に対して、ダビデの詩篇のことばから逆に疑問を投げかけます。キリストはダビデの子孫であると同時に、ダビデ自身から「主」と呼ばれているではないか。したがって、自分はダビデの「主」であると宣言されたのです。私たちもそのように、イエスを主であると申し上げましょう。

(3) 信じることは、主イエスの上に身を置くこと

「イエスは主である」という告白は、自分の力だけでできることではありません。使徒パウロのコリント人への手紙第一、一二章三節にこのように記されています。「神の御霊によって語る者はだれも『イエスは、のろわれよ』ということはなく、また、聖霊によるのでなければ、だれも『イエスは主です』ということはできません。」エペソ人への手紙には、聖霊の働きを「恵み」と表現しています。「背きの中に死んでいた私たちを、キリストとともに生かしてくださいました。あなたがたが救われたのは恵みによるのです」(エペソ二・五)。そのすぐ後の八節に目を留めましょう。「この恵みのゆえに、あなたがたは信仰によって救われたのです。それはあなたがたから出たことではなく、神の賜物です。」

キリストの救いを、仏教的な表現をするなら、すべて「他力」と言えるでしょう。仏教には、自力宗と他力宗がありますが、キリスト教の恵みとは少し意味合いが違います。キリスト教的に信じるということは、信じる対象を知識に基づいて知り、感情的に喜んだり、意志的に決断することだけではありません。それら人間的な精神的、宗教的営みによるだけではありません。神の聖霊、御子イエス・キリストの御霊がそうさせてくださることに、全人的に同意することです。聖霊の助けがなければ信じることはできません。そのことを、イエス・キリストご自身が語って

おられます。ヨハネの福音書一五章一六節です。

「あなたがたがわたしを選んだのではなく、わたしがあなたがたを選び、あなたがたを任命しました。それは、あなたがたが行って実を結び、その実が残るようになるため、また、あなたがたがわたしの名によって父に求めるものをすべて、父が与えてくださるようになるためです。」

もう一度、ヨーロッパ最初の教会であるピリピの町の教会の誕生の話に戻りましょう。

パウロが看守に言った、「主イエスを信じなさい」という言葉の意味は、「主イエスの上に」という表現で、イエスの上に自分を乗せること、主イエスの上にわが身をあずけることを意味します。私たちがだれかを信用するのは、いつでもある種の決断と冒険を必要とします。結婚や、大小の商取引の契約をするとき、相手を信用して自分を任せるという面があります。お互いに、信頼に足る愛と信頼を与え合うからこそ、自分も一生をこの人に託していこうと決断し、また、大切な契約を結ぶのではないでしょうか。

その場合、その決断は自分と相手の双方が与え合うのです。人間の結婚と、イエス・キリストを信じる信仰の決断は、似ているようであるけれども違いがあります。自分が信頼して、一生、あるいは永遠を託すに足りる結婚相手はいませんか。それなのに、私たちは大切な決断をするではありませんか。「主イエスを信じる」とは、安心して、イエスに身をゆだねる覚悟をすることです。結婚式で、「病める時も、健やかな時も、富める時も、貧しき時も、いのちの日の限り」と誓い合うのは、結婚がキリストと、教会の愛を土台にしているからです。畳の上でスキーを習っても、本当に雪の斜面で身をスキーの板に任せて滑らなければ、スキーができるとは言えません。水泳も同じです。足を水にあずけて、水に身を任せなければ、泳ぐことはできません。救われる時も、その身をイエス・キリストの上に任せてしまう信仰なしには味わうことはできません。水に沈むリスクを冒して、水に体をあずけてしまうのです。さあ、主の御手の中に飛び込みましょう。

むすび

イエス・キリストが「主」なる神であることについて学んできました。その告白をしている大変有名な信仰の歌があります。旧約聖書の詩篇二三篇です。その詩篇二三篇を味わう前に、「主」とは何であるのか考えてみましょう。簡単に言えば支配者を意味したり、所有者を指す場合もあります。ペットを飼っている方は、その犬、猫の主人です。それは、いのちを養ってくださる飼い主です。
聖書は、主イエスと信じる者の関係を、犬、猫ではなく羊にたとえています。信じる者を「羊」とし、主イエスをその飼い主、牧者になぞらえているのです。

主は私の羊飼い。
私は乏しいことがありません。
主は私を緑の牧場に伏させ
いこいのみぎわに伴われます。
主は私のたましいを生き返らせ
御名のゆえに　私を義の道に導かれます。
たとえ　死の陰の谷を歩むとしても
私はわざわいを恐れません。
あなたが　ともにおられますから。
あなたのむちとあなたの杖
それが私の慰めです。
私の敵をよそに　あなたは私の前に食卓を整え

頭に香油を注いでくださいます。
私の杯はあふれています。
まことに　私のいのちの日の限り
いつくしみと恵みが　私を追って来るでしょう。
私はいつまでも　主の家に住まいます。

もはや解説はいらないと思います。よろしければ信仰の告白として、以下の讃美の歌詞を味わってください。

一
牧主《かいぬし》わが主よ、まよう我らを
若草の野べに　導きたまえ。
われらを守りて　養いたまえ、
我らは主のもの、主に贖わる。

二
良き友となりて　常にみちびき、
まよわば尋ねて　ひき返りませ。
われらの祈りを　受入れたまえ
我らは主のもの、ただ主に頼る。

（『教会福音讃美歌』三〇三番）

イエスをキリストと呼ぶ

マタイの福音書一六章一三〜一八節

この章では使徒信条の第二項について、イエスをキリストであると初めて告白した十二弟子のひとり、ペテロの記事を中心にお話しします。その前に、「イエス」という名について学びます。

イエスという名

この名前の由来は、新約聖書冒頭のマタイの福音書の一章に出てきます。一八節に次のように書いてあります。「イエス・キリストの誕生は次のようであった。」この箇所で語られていることは、大工のヨセフと婚約者マリアの子として生まれてくる男の子の名前を「イエス」と名付けることでした。出生の特別な条件は処女降誕という大きな課題であったのですが、このことは、次回に詳しくお話しします。ここでは、生まれてくる子どもの命名者が主なる神であり、御使いが夢でヨセフに伝えたのです。「マリアは男の子を産みます。その名をイエスとつけなさい。この方がご自分の民をその罪からお救いになるのです」（マタイ一・二一）。

父親になる予告を受けたヨセフは、生まれてくる男の子が別名を持ち、その名は特別な意味を持つことを知らされます。「『見よ、処女が身ごもっている。そして男の子を産む。その名はインマヌエルと呼ばれる。』それは、訳すと『神が私たちとともにおられる』という意味である」（同二三節）。

このことは、ほぼ七百年さかのぼる預言者イザヤの言葉に端を発しています。先ほどの一章二三節は、イザヤ書七章一四節の引用でした。この驚くべき展開は、イエスという名前を持つ子どもが、神の民を救うために私たち人間の世界に来てくださったというのです。ずっと後に成人して、公に福音宣教の活動を始められたとき、イエスはご自身のことを何度も次のように表現されました。「『わたしが喜びとするのは真実の愛。いけにえではない』とはどういう意味か、行って学びなさい。わたしが来たのは、正しい人を招くためではなく、罪人を招くためです」（同九・一三）。

また、後にエリコの町で、町中の人に嫌われている取税人の金持ちザアカイに出会ったとき、こう言われました。「イエスは彼に言われた。『今日、救いがこの家に来ました。この人もアブラハムの子なのですから。人の子は、失われた者を捜して救うために来たのです』」（ルカ一九・九

〜一〇)。この出来事の後、イエスはエルサレム郊外のゴルゴタの丘で、十字架刑に処せられたのです。ザアカイとの約束を果たすためだったのでしょう。そして、十字架を自分の身代わりとして仰ぎ見るすべての人のためでもあったのです。

ローマ帝国の迫害で、世界中に離散したユダヤ人キリスト者たちに書き送られた、新約聖書ヘブル人への手紙四章一四〜一六節に、「イエス」という名を強調している箇所があります。

「さて、私たちには、もろもろの天を通られた、神の子イエスという偉大な大祭司がおられるのですから、信仰の告白を堅く保とうではありませんか。私たちの大祭司は、私たちの弱さに同情できない方ではありません。罪は犯しませんでしたが、すべての点において、私たちと同じように試みにあわれたのです。ですから私たちは、あわれみを受け、また恵みをいただいて、折にかなった助けを受けるために、大胆に恵みの御座に近づこうではありませんか。」

ここで注目したいのは、「神の子イエス」という表現です。まことの神、神の独り子である方が私どもと同じ人間になってくださったという感激が込められています。しかも、神はその独り子イエスを長子として、イエスを信じる者たちを兄弟としてくださったのです。「イエスは御使いたちを助け出すのではなく、アブラハムの子孫を助け出してくださるのです。したがって、神に関わる事柄について、あわれみ深い、忠実な大祭司となるために、イエスはすべての点で兄弟たちと同じようにならなければなりませんでした。それで民の罪の宥めがなされたのです」（ヘブル二・一六〜一七）。

ですから、今一度、ヘブル人への手紙四章のみことばのように安心して、大祭司イエスのもとに行きましょう。「ですから私たちは、あわれみを受け、また恵みをいただいて、折にかなった助けを受けるために、大胆に恵みの御座に近づこうではありませんか。」

イエスという名の持つ権威

十字架の救いを成し遂げ、復活して、父なる神の御座のもとに帰られたイエス・キリストの名前に力があります。弟子たちはキリストの御名によって、奇跡を行うことができました。その名前の威力を示す箇所を紹介します。使徒の働き三章一〜六節です。

「ペテロとヨハネは、午後三時の祈りの時間に宮に上って行った。すると、生まれつき足の不自由な人が運ばれて来た。この人は、宮に入る人たちから施しを求めるために、毎日

『美しの門』と呼ばれる宮の門に置いてもらっていた。彼は、ペテロとヨハネが宮に入ろうとするのを見て、施しを求めた。ペテロは、ヨハネとともにその人を見つめて、『私たちを見なさい』と言った。彼は何かもらえると期待して、二人に目を注いだ。すると、ペテロは言った。『金銀は私にはない。しかし、私にあるものをあげよう。ナザレのイエス・キリストの名によって立ち上がり、歩きなさい。』」

この直後の出来事を聖書は、この人の足とくるぶしがたちまち強くなって、躍り上がって立ち、歩き出したというのです。本来なら、癒やされてもリハビリが必要だと思うではありませんか。その必要がいらない完全な奇跡の癒やしでした。これを見た人々が驚いたのは当然のことでした。この人は、「そして、歩いたり飛び跳ねたりしながら、神を賛美しつつ二人と一緒に宮に入って行った」のです。驚いている人々に、ペテロとヨハネは福音を語っています。その説教中でこのように言いました。

「あなたがたは、この聖なる正しい方を拒んで、人殺しの男を赦免するように要求し、いのちの君を殺したのです。しかし、神はこのイエスを死者の中からよみがえらせました。私たちはそのことの証人です。このイエスの名が、その名を信じる信仰のゆえに、あなたがたが今見て知っているこの人を強くしました。イエスによって与えられる信仰が、この人を皆さんの前で、このとおり完全なからだにしたのです。」（使徒三・一四〜一六）

その結果、二つの反応がありました。一つは、ユダヤ教の反対者の訴えで、二人はユダヤ当局に逮捕されたのです。その理由は、復活を否定する宗教上の反対意見と、神殿の治安を乱したということでした。もう一つの反応も続く四章三節に記されています。「しかし、話を聞いた人々のうち大勢が信じ、男の数が五千人ほどになった。」このようにして、キリスト教信仰は広がってきたのです。さて、一晩留置されたペテロとヨハネは、翌日ユダヤの最高会議の審問にかけられ、大祭司と国の指導者たちの取り調べを受けました。結果は無罪放免です。

「なんの権威によって、だれの名によってあのようなことをしたのか」という尋問に、「この人が治ってあなたがたの前に立っているのは、あなたがたが十字架につけ、神が死者の中からよみがえらせたナザレ人イエス・キリストの名によることです」（同四・一〇）と答え、反論の余地がなかったからです。ペテロとヨハネは、ユダヤの大法廷で宣言しました。「この方以外には、だれによっても救いはありません。天の下でこの御名のほかに、私たちが救われるべき名は人間に与えられていないからです」（同一二節）。

最高法院は二人を放免するにあたり、「今後だれにもこの名によって語ってはならない」と脅かしたけれど、二人はきっぱりとはねつけました。「『神に聞き従うよりも、あなたがたに聞き従うほうが、神の御前に正しいかどうか、判断してください。私たちは、自分たちが見たことや聞いたことを話さないわけにはいきません』」（同一九～二〇節）。初代教会は喜び励まされ、ますます勇気をいただいて、大胆にイエスの名を語り続けたのです。

イエスをなぜ「キリスト」と呼ぶのか

イエスという名と、その名の持つ権威についてお話ししました。それでは、このイエスをなぜ「キリスト」と呼ぶのでしょうか。「イエス」がファーストネームで、「キリスト」が姓、または苗字という意味ではありません。イエスは固有名詞で、キリストは職名、または肩書、さらには称号と言っていいでしょう。つまり、「イエスという人はキリスト様です」と言ったらわかるでしょうか。

キリストの意味を説明するのに、だれでも知っているクリスマスの話から始めます。クリスマスは、外来語というより日本語になっています。ご存じのように英語です。キリストは英語でクライスト（Christ）という単語で、祭りを意味する「マス」（-mas）という言葉を後ろに付けたのです。「キリスト祭り」ということです。

新約聖書の元の言葉はギリシア語ですが、ギリシア語でキリストはクリストスと読みます。その頭文字は「キー」と発音します。これが、英語のアルファベットの「X」に当たるのです。Xは数学では未知数のことです。日本でクリスマスを略してXmasと書くのは、「クリスマスって何ですか」と、問いかけているのと同じではありませんか。

クリスマスとは何かと問われたら、「イエス・キリストの誕生日です」と答えるでしょうが、それでは、「なぜあなたはそれを祝うのですか」と重ねて問われたら、返答に窮してしまわないでしょうか。キリストがだれであるかがよくわかって、クリスマスの喜びを深く味わっていたら、イエスをキリストと信じていることになるでしょう。もし、まだXのままでしたら、まだクリスチャンになる前の状態だと言えるでしょう。「未信者」と言わないで「未来信者」という言い方があります。私が、クリスマスの本当の意味を知り、喜ぶことができたのは二十歳の時でした。その年の年末、不思議な喜びに包まれて寒い冬空のもと、クリスマスキャロルを家々の前で歌うキャロリングの輪の中にいたことを、懐かしく思い出します。

前回、「イエスを『主』と呼ぶ」ことを学びました。そして今、イエスをキリストと呼ぶことを話してきました。ギリシア語では「クリストス」と言います。この言葉は旧約聖書の「メシア」という言葉と同じ意味です。「メシア」とはヘブル語です。その意味は「油注がれた者」という意味です。イスラエルでは、神が定められた特別神聖な務めに任命する時の儀式を「油注ぎ」と言います。その務めとは、王、祭司、預言者の三職でした。王は、神の御心に従い、国を治めます。祭司は神と人との間に立って、人が神を愛し、神に礼拝をささげるようにする務めです。預言者は神の言葉を人々に生きる真理として告げる務めです。この三つの聖なる務めは、神ご自身が人を選び任命されます。それを公に示す儀式が、香油を注ぐことでした。これらの三職を兼ね備えた人を「メシア」の称号で呼んでいたのです。イエスをその称号で呼んだ記事を冒頭に掲げました。

「さて、ピリポ・カイサリアの地方に行かれたとき、イエスは弟子たちに『人々は人の子をだれだと言っていますか』とお尋ねになった。彼らは言った。『バプテスマのヨハネだという人たちも、エリヤだという人たちもいます。またほかの人たちはエレミヤだとか、預言者の一人だとか言っています。』イエスは彼らに言われた。『あなたがたは、わたしをだれだと言いますか。』シモン・ペテロが答えた。『あなたは生ける神の子キリストです。』」

ペテロの答えは、「あなたは生ける神の子キリストです」とあります。二本足で歩き、寝起きを共にする人間イエスに対して面と向かって告白したのです。この時の、キリストという言葉は、メシアです。やがて使徒となったペテロの単純な告白が、使徒信条の基礎になっていきます。メシアすなわちキリストは、私どもの王であり、祭司であり、預言者であると言うのです。

キリスト教の驚くべき進展

イエスをキリストと呼ぶことについておわかりいただけたでしょうか。そして、イエスをキリストと呼ぶ人々のことを「キリスト者」と呼ぶようになったことを話さなければなりません。初代教会の始まりを記録した新約聖書「使徒の働き」にその記録があります。エルサレムでキリスト教の最初の殉教者ステパノの記事が七章にあり、その後、大々的なキリスト教迫害が起こり、その様子が八章にあります。迫害の主役は、若き日のサウロという熱心なユダヤ教徒でした。その様子を紹介します。八章一～四節です。

「サウロは、ステパノを殺すことに賛成していた。その日、エルサレムの教会に対する激しい迫害が起こり、使徒たち以外はみな、ユダヤとサマリアの諸地方に散らされた。敬虔な人たちはステパノを葬り、彼のためにたいへん悲しんだ。サウロは家から家に押し入って、教会を荒らし、男も女も引きずり出して、牢に入れた。」

　こののち、キリスト教の進展は二段階に入ります。エルサレムから距離的に離れたユダヤと、さらに宗教的にも、政治的にも、心理的にも離れたサマリア地方に強制的に散らされていったのです。「散らされた人たちは、みことばの福音を伝えながら巡り歩いた。ピリポはサマリアの町に下って行き、人々にキリストを宣べ伝えた」（使徒八・四〜五）とあります。

　ピリポは、エルサレム教会で活躍したイエス・キリストの十二使徒に次ぐ、七人の指導者のひとりでした。このピリポによってサマリアの人々は主イエスを信じ、バプテスマを受け、エルサレム教会から送られてきたペテロとヨハネを通して聖霊を受けたのです。その後、ピリポは主の使いの命を受け、南の荒野でエチオピアの女王の高官カンダケに出会います。エチオピアの大臣カンダケがピリポによってキリストを信じ、やがて、エチオピアがキリスト教国になっていくのです。

　使徒の働きは、さらに驚くべき展開を伝えます。それは、キリスト教最大の脅威であったサウロが、キリスト教に突如改宗したのです。この改宗を、キリスト教用語で「回心」と言います。神によって、全く正反対に生きる方向を変えさせられる出来事です。自ら心を改めることを表す、「改心」ではありません。このサウロが復活のイエス・キリストに出会って変えられた事件の顚末が、使徒の働き九章に載っています。やがてサウロは名前を「パウロ」と変えます。「大いなる者」という意味から「小さき者」へと改めました。このパウロによって本格的な異邦人伝道が展開されます。キリスト教宣教の第三段階に入っていくのです。

後に語ったパウロの自己反省を紹介します。一つは、コリント人への手紙第一、一五章九節です。「私は使徒の中では最も小さい者であり、神の教会を迫害したのですから、使徒と呼ばれるに値しない者です。」もう一箇所は、弟子のテモテに宛てた、テモテへの手紙第一、一章一三節です。「私は以前には、神を冒瀆する者、迫害する者、暴力をふるう者でした。しかし、信じていないときに知らないでしたことだったので、あわれみを受けました。」

使徒の働きは、九章三一節で、この時点での状況を一区切りする次の言葉で総括しています。「こうして、教会はユダヤ、ガリラヤ、サマリアの全地にわたり築き上げられて平安を得た。主を恐れ、聖霊に励まされて前進し続け、信者の数が増えていった。」

そして、使徒の働きは、九章後半から一〇章にわたって主人公に使徒ペテロの登場とその活躍を告げるのです。それは、次に登場する異邦人伝道の使徒パウロへの橋渡しの準備になりました。ペテロは、地中海沿岸の町々にキリストの救いの良きおとずれを伝えて多くの改宗者を獲得しました。サマリア伝道で活躍したピリポも同じ地方で伝道を続けています。こうした福音宣教は、人間の計画によるものではなく、復活召天後、父なる神のもとから注がれた聖霊の導きによるものでした。それは、使徒の働き二章三三節の使徒ペテロの説教に語られています。「ですから、神の右に上げられたイエスが、約束された聖霊を御父から受けて、今あなたがたが目にし、耳にしている聖霊を注いでくださったのです。」

神の世界宣教の計画は一章八節に示されていました。「しかし、聖霊があなたがたの上に臨むとき、あなたがたは力を受けます。そして、エルサレム、ユダヤとサマリアの全土、さらに地の果てまで、わたしの証人となります。」

私が、キリスト教宣教の段階を記してきたのは、この神のご計画の順番を基準に申しあげてきたのです。いよいよ最後の段階がきました。「さらに、地の果てまで」という段階です。これこそ、異邦人世界のグローバルな宣教の展開です。その主役は、やはり使徒パウロです。

むすび

舞台は小アジア、今のトルコです。私も一度行きましたがシリア地方のアンティオキアという大きな町です。この町で、それまで「この道の者」と異端者扱いされていた、「イエスを主と呼ぶ」人々に、あだ名がつけられます。使徒の働き一一章二六節です。

「バルナバはそこに到着し、神の恵みを見て喜んだ。そして、心を堅く保っていつも主にとどまっているようにと、皆を励ました。彼は立派な人物で、聖霊と信仰に満ちている人であった。こうして、大勢の人たちが主に導かれた。それから、バルナバはサウロを捜しにタルソに行き、彼を見つけて、アンティオキアに連れて来た。彼らは、まる一年の間教会に集い、大勢の人たちを教えた。弟子たちは、アンティオキアで初めて、キリスト者と呼ばれるようになった。」

「キリスト者」という名前は自分たちで名乗ったのではありません。教会の外にいる人々から、そう呼ばれるようになったのです。「キリストの輩」「キリスト屋」と冷ややかに見ていた人たちからのあだ名です。やがてそれが、自分たち自身で自分を呼ぶ言葉とするようになっていきます。「私はイエス・キリストを信じる」と言うとき、「自分の生活を支配しているのは、王なるキリストです。預言者であるイエス・キリストのことばにどこまでも従います。私の罪を背負い、十字架に死んで復活して、父なる神の御前で祭司としてとりなしてくださる方を、生涯信じ続け、礼拝の民として生きて行きます」と告白するのです。ピリポ・カイザリアでのペテロの告白に続いて、イエス・キリストはペテロと弟子たちに対して厳しい言葉で語っています。マタイの福音書一六章二四節です。「それからイエスは弟子たちに言われた。『だれでもわたしについて来たいと思うなら、自分を捨て、自分の十字架を負って、わたしに従って来なさい。』」

この命令から、イエスをキリストと信じる者は、キリストの道を歩むものとなるということです。それは十字架の狭い門をくぐり、細い道を歩くということです。

私は、信じるか信じないかを決めるとき、大きな迷いと恐れがあったことを、正直に申し上げなければなりません。その恐れを克服させ、勇気を与え、少しずつ信仰の道に導かれて、すでに六十年になりました。いいことばかりではありませんが、信仰の喜びは深くなる一方でした。後悔は一切ありません。主が、皆様を同じ信仰の道に導かれるように祈ります。

主は聖霊によりて生まれ

マタイの福音書一八章一八～二五節

使徒信条は第二項で、「主は聖霊によりておとめマリアよりうまれ」という言葉を続けています。神の御子イエス・キリストがどのようにして人となったのかという説明です。

救い主の誕生は、聖霊によるというのです。神のご本質は三位一体であることは、後で折に触れて説明すると言いましたが、この第二項の神の御子の告白の段階で、すでに「聖霊」が登場しています。聖霊については、使徒信条第三項において「聖霊」の項目があるので、そこで、あらためて三位一体の神の奥義についてお話ししたいと思います。

しかし、ここでも、聖霊が登場していますから、小出しにしていくように、三位一体について触れていくべきでしょう。そのことを、お許しいただきたいと思います。言い換えれば、三位一体の神の奥義は、キリスト教信仰にとって、切っても切れない深い関わりがあることに気づかせてくれているのです。ですから、忍耐をもって聖書のメッセージを聴き続けていただきたいと思います。それは、山登りにたとえることができます。険しい山道を登る時は忍耐がいります。行けども行けども、上り続けても見晴らしがよい場所にはすぐに行けません。ひたすら上り続けていくとき、突然、眺望が開ける場所に着きます。しかし、そこは山頂からはまだ遠いところです。そこから、さらに上るにつれて見え隠れしながら見晴らしが大きく広がってくるのです。やがて、ついに山頂に上りつめて、三六〇度の広がりで遠くまで見渡すことができるのです。どうか、忍耐深く、このメッセージを受け止め続けてくださることをお願いします。

三位一体の神の真理は、同行二人のように、聖霊がともに歩いてくださり、あるとき、聖書のみことばによって三位一体について確信を与えてくださるのです。そこが山頂です。山頂を目指して忍耐強く上り続けましょう。険しい上り坂であっても、時々、思いがけない愛らしい花を見つけたり、苔むした岩に出合ったり、変わった枝ぶりの木に喜びを見出せるではありませんか。

聖霊によって

神の御子イエス・キリストは、人間の世界に生まれてくださったのですが、人間の介在することのない仕方で生まれたと聖書に記されています。今回は、イエス・キリストの誕生の次第を記録した、冒頭の聖書の言葉から、「聖霊によって」という出来事を探っていきましょう。

「聖霊によって」とは、主の使いがマリアの婚約者ヨセフに現れて、説得している時に出てくる言葉です。ヨセフは清純なおとめマリアの妊娠を知って、婚約を解消しようと決意したのです。それが、清廉潔白な青年ヨセフが当時のユダヤの法律による処刑からマリアを救う唯一の方法だったのです。悩み苦しむヨセフに、主の使いが夢に現れて告げました。「その胎に宿っている子は聖霊によるのです。」聖霊によるとは、この箇所で語られる二度目の言葉です。この言葉は、ルカの福音書では、御使いによるマリアへの受胎告知の場面にも記されています。

「さて、その六か月目に、御使いガブリエルが神から遣わされて、ガリラヤのナザレという町の一人の処女のところに来た。この処女は、ダビデの家系のヨセフという人のいいなずけで、名をマリアといった。御使いは入って来ると、マリアに言った。『おめでとう、恵まれた方。主があなたとともにおられます。』しかし、マリアはこのことばにひどく戸惑って、これはいったい何のあいさつかと考え込んだ。すると、御使いは彼女に言った。『恐れることはありません、マリア。あなたは神から恵みを受けたのです。見なさい。あなたは身ごもって、男の子を産みます。その名をイエスとつけなさい。その子は大いなる者となり、いと高き方の子と呼ばれます。また神である主は、彼にその父ダビデの王位をお与えになります。彼はとこしえにヤコブの家を治め、その支配に終わりはありません。』マリアは御使いに言った。『どうしてそのようなことが起こるのでしょう。私は男の人を知りませんのに。』御使いは彼女に答えた。『聖霊があなたの上に臨み、いと高き方の力があなたをおおいます。それゆえ、生まれる子は聖なる者、神の子と呼ばれます。』」（ルカ一・二六～三五）

このすぐ後、御使いは三七節で答えています。「神にとって不可能なことは何もありません。」マリアはその言葉を聞いたとき、思い出したことでしょう。イスラエル人の父祖アブラハムと妻サラとの間に約束の子どもが授けられた記述があることを。アブラハムは、神から子どもを授けられると約束されてから、二十五年間待ち続けました。アブラハムが百歳、サラが九十歳の時に息子イサクが生まれました。マリアの場合はそれ以上の奇跡です。自分は夫婦の営みによらないで、子どもを宿すと言われる。まさに不可能中の不可能です。しかし、マリアは前代未聞のその知らせを受け止めたのです。「マリアは言った。『ご覧ください。私は主のはしためです。どうぞ、あなたのおことばどおり、この身になりますように。』すると、御使いは彼女から去って行った」（同三八節）。

私たちも、聖霊のお導きに同意して、マリアのように従順に従っていきたいものです。主は、そのことを喜んでくださいます。

聖霊による新生という奇跡にあずかる

「新生」という言葉は、神から離れ、神に背いていた人間を霊的に死んでいる状態から「聖霊によって」新しく生まれ変わらせる神の恵みを表しています。エペソ人への手紙二章一～五、一〇節にあります。

「さて、あなたがたは自分の背きと罪の中に死んでいた者であり、かつては、それらの罪の中にあってこの世の流れに従い、空中の権威を持つ支配者、すなわち、不従順の子らの中に今も働いている霊に従って歩んでいました。私たちもみな、不従順の子らの中にあって、かつては自分の肉の欲のままに生き、肉と心の望むことを行い、ほかの人たちと同じように、生まれながら御怒りを受けるべき子らでした。しかし、あわれみ豊かな神は、私たちを愛してくださったその大きな愛のゆえに、背きの中に死んでいた私たちを、キリストとともに生かしてくださいました。あなたがたが救われたのは恵みによるのです。……実に、私たちは神の作品であって、良い行いをするためにキリスト・イエスにあって造られたのです。神は、私たちが良い行いに歩むように、その良い行いをあらかじめ備えてくださいました。」

どうすれば新生の恵みをいただけるのでしょうか。その秘訣は、ヨハネの福音書一章一二～一三節のことばです。「しかし、この方を受け入れた人々、すなわち、その名を信じた人々には、神の子どもとなる特権をお与えになった。この人々は、血によってではなく、肉の望むところでも人の意志によってでもなく、ただ、神によって生まれたのである。」

イエスを救い主と信じる人々は神の子どもとされる、つまり神の子どもに生まれ変わるのです。私たちは、だれであっても過去の人間的つながりや、しがらみの一切から解き放たれて、神の子どもにされるというのです。それぞれの生い立ちや性格、課題、問題など、人間的な過去の一切を抱えながらも、「ただ、神によって」神の子どもとされ、神の国に迎え入れられるというのです。いったいなぜなのでしょう。それを「聖霊によって」と言います。

それは、神の力、計画、願いによって、人類の歴史の中に来られたイエス・キリストにつながるからです。それ以上に、神の御霊、キリストの霊が信じる人の中に宿ってくださるからです。「神の御霊に導かれる人はみな、神の子どもです。あなたがたは、人を再び恐怖に陥れる、奴隷の霊を受けたのではなく、子とする御霊を受けたのです。この御霊によって、私たちは『アバ、父』と叫びます」（ローマ八・一四～一五）。

つまり、イエスが「聖霊によって」生まれたように、イエスを主と信じる者は、「聖霊によって」新しく生まれ、神の子どもとされます。人間の誕生は本来、単なる自然現象ではありません。全能の神の奇跡的みわざです。そして、イエス・キリストによる新生も同じように神の奇跡のみわざです。御子イエス・キリストが聖霊によって生まれ、救いの道となってくださいました。聖霊によって神の子として新しいいのちに生まれ変わらせてくださいました。そして、今なお抱えきれない弱さと問題を抱えているのですが、聖霊に助けをいただいて神の子どもとして歩み続けます。聖霊はキリストの栄光に対して私たちの目を開け、キリストの愛に対して私たちの心を温めてくださいます。

また、聖霊はキリストのために私たちの意思を自由にし、喜んで決断できるようにしてくださいます。そして、聖霊は喜んでキリストに仕える心を与えてくださいます。そもそも、このメッセージも聖霊によらなければ理解できないし、信じることはできないのです。

「御霊のからだ」で神の国を相続する

キリストは「聖霊によって」人となられました。神がよみがえらせたキリストの復活に関するコリント人への手紙第一、一五章三五〜四四節で、使徒パウロは証言します。私たちが死者の中から復活する時には、私たちはキリストを通して御霊のからだを受け取るというのです。

「しかし、『死者はどのようにしてよみがえるのか。どのようなからだで来るのか』という人がいるでしょう。愚かな人だ。あなたが蒔くものは、死ななければ生かされません。また、あなたが蒔くものは、後にできるからだではなく、麦であれ、そのほかの穀物であれ、ただの種粒です。しかし神は、みこころのままに、それにからだを与え、それぞれの種にそれ自身のからだをお与えになります。どんな肉も同じではなく、人間の肉、獣の肉、鳥の肉、魚の肉、それぞれ違います。また、天上のからだもあり、地上のからだもあり、天上のからだの輝きと地上のからだの輝きは異なり、太陽の輝き、月の輝き、星の輝き、それぞれ違います。星と星の間でも輝きが違います。死者の復活もこれと同じです。朽ちるもので蒔かれ、朽ちないものによみがえらされ、卑しいもので蒔かれ、栄光あるものによみがえらされ、弱いもので蒔かれ、力あるものによみがえらされ、血肉のからだで蒔かれ、御霊に属するからだによみがえらされるのです。血肉のからだがあるのですから、御霊のからだもあるのです。」

「御霊のからだ」と、「精神のからだ」は同じことではありません。御霊のからだは、私たちが今持っている身体と同一の身体ですが、しかし全く新しくされ、聖霊によって完全に支配されています。この奥義を私たちの言葉で言い表すことは困難です。霊感された使徒パウロの証言によって伝えます。先述した箇所に続く、四五～五〇節のみことばです。「こう書かれています。『最初の人アダムは生きるものとなった。』しかし、最後のアダムはいのちを与える御霊となりました。最初にあったのは、御霊のものではなく血肉のものです。御霊のものは後に来るのです。第一の人は地から出て、土で造られた人ですが、第二の人は天から出た方です。土で造られた者たちはみな、この土で造られた人に似ており、天に属する者たちはみな、この天に属する方に似ています。私たちは、土で造られた人のかたちを持っていたように、天に属する方のかたちも持つことになるのです。」

神の国は、新生していても今の血肉のからだで相続できません。御霊のからだをいただくのです。続く五〇節を読みましょう。「兄弟たち、私はこのことを言っておきます。血肉のからだは神の国を相続できません。朽ちるものは、朽ちないものを相続できません。」

パウロはこの奥義を、続く五一～五三節で別の表現をしています。それは、「着る」ということです。「聞きなさい。私はあなたがたに奥義を告げましょう。私たちはみな眠るわけではありませんが、みな変えられます。終わりのラッパとともに、たちまち、一瞬のうちに変えられます。ラッパが鳴ると、死者は朽ちないものによみがえり、私たちは変えられるのです。この朽ちるべきものが、朽ちないものを必ず着ることになり、この死ぬべきものが、死なないものを必ず着ることになるからです。」

むすび

使徒信条の「主は聖霊によりてやどり」とは、私たちの地上と、永遠の神の国との未来に向かって深く結ばれていることを示しています。主イエス・キリストの救いは、私たちの霊と、たましいと、からだのすべてを救い、完成してくださるのです。使徒パウロは、イエス・キリストの再臨について述べているテサロニケ人への手紙第一、五章二三節で、確信をもって祈るのです。「平和の神ご自身が、あなたがたを完全に聖なるものとしてくださいますように。あなたがたの霊、たましい、からだのすべてが、私たちの主イエス・キリストの来臨のときに、責められるところのないものとして保たれていますように。」

イエス・キリストが「聖霊によって」生まれたことが、「聖霊によって」主イエスを信じる私たちを新しいいのちに生まれ変わらせることにつながっています。そしてその新しいいのちは、神の国・天国のいのちとからだに結びついていることをお話ししてきました。

最後に、使徒パウロの確信のみことばを読んでこのメッセージを終わります。先ほどの祈りに続く二四節です。「あなたがたを召された方は真実ですから、そのようにしてくださいます。」

主はおとめマリアより生まれ

ヨハネの手紙第一、四章一～六節

使徒信条は、かなり多くのことを告白していることを今までに説明してきました。第二項にあたる「イエス・キリストを信ず」の内容は、使徒信条の半分以上を占めています。主イエスの出生から死亡に至るまでの地上の生涯に続き、死亡と復活の後の昇天と昇天後のこと、再び来られる再臨と天上の栄光と最終的審判など終末のことにも触れています。

使徒信条は信仰告白ですから、主イエスを信じることは何を信じることであるかについて慎重に述べているのです。洗礼を受けて後、「自分はこんなつもりで信じたのではありません」ということがないように、信仰内容をかなり厳密に確認しているのです。自分の都合の良い思い込みや誤解によって、後に信仰から離れ、信仰を捨てることを防ぐためです。

教会は、信仰を告白する者が、「正統的な」信仰を持っているかどうかを確かめ、教会の中での信仰に一致を目指します。それは、異端的な教えを見分ける基準ともなります。初代の教会にそのような危険性がすでに存在していたことが、聖書に記されています。その一つが、冒頭の聖書箇所です。この箇所で信仰の識別、つまり見分けの基準の一つが「人となって来られたイエス・キリストを告白する霊」ということばです。これは、処女懐妊、処女降誕を意味しています。使徒信条の、「おとめマリアより生まれ、ポンテオ・ピラトのもとに苦しみを受け、十字架につけられ」た「イエスを告白しない」のであれば、それは神から出たものではないという基準です。聖書の言葉で言えば、「偽預言者」であり、それは、「反キリストの霊」と呼ばれています。

マリアより

今まで使徒信条において、父なる神、独り子、イエス・キリストという名前が登場してきました。これらの名前は普通の人間の名前ではないことがおわかりいただけていると思います。イエスという名は、彼が人間であると同時にキリストであり、肉体をとった神の子であるということです。

ここで私たちが出会うマリアという名前も、私たちと同じように、普通の人間の名前です。もう一人、使徒信条に登場する人の名はピラトと言います。二人はともに全く普通の人であるという共通点があります。マリアはナザレ地方の信仰心の深い清純な若い女性ですが、決して女神ではありません。重ねて言いますが、彼女はまったく普通の人間です。

マリアとピラトという二人の人間が使徒信条に登場しているのは、彼らが私たちに歴史的な事実に注目させようとしているという理由によります。神の御子が人となることは世界の一般的、常識的な真理ではありません。しかし、それにもかかわらず意味しているところは、それが歴史的な出来事であることを示しているのです。神の御子は人間としてマリアより生まれ、ローマの歴史においてだれもが認めるシリア総督ポンテオ・ピラトのもとで、ある特定の時に十字架の死を被ったのです。それは、時と場所において起きた確かな出来事です。ですから、キリスト教信仰は、歴史という海底に重い錨と太い鎖でしっかり結びつけられている船にたとえられます。

また、主イエスが人間マリアより生まれたことは、主イエスが人間であることを示しています。神が人間となって、人間の世界に来られたのです。時間と空間を超える方がマリアを介して、時間と空間を持つ歴史の中に身を投じたのです。主イエスが神でありつつ同時に人間となられたことは、それ自体が大いなる奇跡です。初代教会は、伝統的に信じてきたこの出来事を「受肉」と呼んできました。霊なる神が肉体をとったという意味です。

この信仰告白はＡＤ三二五年のニケヤ公会議で提案され、キリスト教の基本信条の一つとして今に受け継がれてきました。聖書は使徒パウロによってガラテヤ人への手紙ではっきり述べています。「しかし時が満ちて、神はご自分の御子を、女から生まれた者、律法の下にある者として遣わされました。それは、律法の下にある者を贖い出すためであり、私たちが子としての身分を受けるためでした」（ガラテヤ四・四〜五）。

処女マリアより

神の独り子が人間としてマリアから生まれたことはすでにお話ししました。さらに大切なことは、その誕生の在り方が処女マリアから生まれたということです。多くの現代人にとって、イエスの処女降誕は信仰の決断をするうえで障害になっています。

先に女から生まれることが、人間としての誕生の条件であったことをガラテヤ人への手紙で確認しました。それは、「律法の下にある者」という必要を満たすためでした。マリアは敬虔なユダヤ教徒として、律法を厳格に守る女性でした。それは、婚約者ヨセフの認めるところであり、マリアを知る人々も信じて疑わなかったでしょう。しかし、すべての神の民ユダヤ人と同様に律法の支配下にあったことは明らかです。神の恵みの贖いを必要とする一人の人間であったことは確かです。

一方、神の子であるために必要なことがあります。それは、アダム以来の罪を背負って生まれてきてはならないということです。その条件を満たすことは人間の力の及ばないことです。神を

「父よ」と呼ぶことを可能にする使信が、御使いを通してマリアにもたらされました。少し長いですが、その記事が記されたルカの福音書一章二六～三八節を引用します。

「さて、その六か月目に、御使いガブリエルが神から遣わされて、ガリラヤのナザレという町の一人の処女のところに来た。この処女は、ダビデの家系のヨセフという人のいいなずけで、名をマリアといった。御使いは入って来ると、マリアに言った。『おめでとう、恵まれた方。主があなたとともにおられます。』しかし、マリアはこのことばにひどく戸惑って、これはいったい何のあいさつかと考え込んだ。すると、御使いは彼女に言った。『恐れることはありません、マリア。あなたは神から恵みを受けたのです。見なさい。あなたは身ごもって、男の子を産みます。その名をイエスとつけなさい。その子は大いなる者となり、いと高き方の子と呼ばれます。また神である主は、彼にその父ダビデの王位をお与えになります。彼はとこしえにヤコブの家を治め、その支配に終わりはありません。』

マリアは御使いに言った。『どうしてそのようなことが起こるのでしょう。私は男の人を知りませんのに。』御使いは彼女に答えた。『聖霊があなたの上に臨み、いと高き方の力があなたをおおいます。それゆえ、生まれる子は聖なる者、神の子と呼ばれます。見なさい。あなたの親類のエリサベツ、あの人もあの年になって男の子を宿しています。不妊と言われていた人なのに、今はもう六か月です。神にとって不可能なことは何もありません。』マリアは言った。『ご覧ください。私は主のはしためです。どうぞ、あなたのおことばどおり、この身になりますように。』すると、御使いは彼女から去って行った。」

天使ガブリエルによる有名な受胎告知の場面です。処女マリアから生まれることの必要最小限度のことは、罪を持たないで生まれ、私たちすべての人間を罪から救い出すために、主イエスの母マリアが「聖霊によって」身ごもったということです。これが、神がなさった、神の自由な恵みのみわざです。マリアは驚きつつ、いささか抵抗したけれども、天使のことばを受け入れました。主イエスが完全な人間でありつつ、罪のないご自身の血を流すことによって、信じる罪びとの罪を聖い神の前に覆ってくださるために死んでくださいました。それ以外に他の方法があるでしょうか。

キリスト教会の歴史は、この事実を初期のニケヤ会議で告白しています。また、宗教改革時代の「ハイデルベルク信仰問答」の（問三五〜三六）で告白しているのです。ほぼ千九百年の間、処女から救い主が生まれたことを信じてきたのです。その人々は豊かな教養の持ち主であり、ヨーロッパ文化の教育を受けてきた人々です。

処女降誕の問題点

先に紹介したハイデルベルク信仰問答は、この奇跡的な処女からの誕生のことを、単なる奇跡物語にしていません。異性と交わることがなかった女性が母となった不思議さを強調していないのです。問三五の答えに、「それは、今も、後も、真の永遠の神にています、神の永遠の御子が、御霊の働きによって、処女マリアの血肉より、真に人間性をとられて、主もまたダビデの真の裔となり、罪をほかにしては、すべてのことにおいて、兄弟らと等しくなられた、ということであります」とあります。

イエスは、まことの永遠の神が人となられた地上の存在であるというのです。地上での歩みを、人として生きられるイエスが、地上に来られる前から「永遠の神の子」であると言えることにキリスト教信仰のカギがあります。イエスが聖霊の働きによってマリアの胎内に宿られたのは、処女マリアの血肉より、真に人間性をとられたことを否定していません。その事実をさらに詳しく述べるために、「主もまたダビデの真の裔《すえ》」となられたと説明しています。イエスの人間性の由来は、マリアからさらにさかのぼって祖先ダビデにまで至ると述べています。

一つの問題点について述べましょう。処女降誕は単なる奇跡物語として扱われていないと言いました。神と人が同時に一人の人間であるということが奇跡であって、それを可能にする神の働きがマリアの聖霊による懐妊だったのです。神の創造の働きに、人類の自然的生殖があることはだれでも知っています。聖書は、結婚した夫婦の間に受精の神秘がなされることを当然のこととしています。しかし、今では一つの精子と一つの卵子が出会う可能性は、七十兆分の一であることが確率計算上明らかになっています。この受精卵が一週間かけて子宮にたどり着き、子宮に着床することも難事業です。子宮内で赤ちゃんの形になり、五～六週間ほどで赤ちゃんの心拍が確認できます。体内の詳しい生育状態の説明は省きますが、通常十か月の後、無事出産を迎えます。これを「自然出産」の一言で片づけることは、生命の神秘に対する冒瀆ではないでしょうか。今日の生命科学の発達による神秘の解明を、やはり「自然」の一言で表し、それ以外の生命の誕生の可能性をすべて否定することは、創造主の全能の働きをあまりにも過小評価していると言わざるを得ません。通常の生殖の法則を決められた神が、その法則に縛られると考えることは大きな誤解です。

もう一つの問題点があります。それは、処女性を必要以上に神聖視してマリアを神格化することです。その結果、マリアの無罪性をその処女性と結びつける誤りです。その結果、マリアが終生処女であったと言わざるを得なくなる過ちが生まれます。聖書は、マタイの福音書一章二四～二五節に次のように記しています。「ヨセフは眠りから覚めると主の使いが命じたとおりにし、自分の妻を迎え入れたが、子を産むまでは彼女を知ることはなかった。そして、その子の名をイエスとつけた。」そして、福音書は多くの箇所で、イエスの弟や妹たちのことを語っています。ということは、イエスが生まれた後は、ヨセフとマリアは夫婦として結ばれたことを明らかにしています。使徒パウロは迫害者であったのち、回心してエルサレムに昇ったとき、主の兄弟ヤコブに出会ったと述べています（ガラテヤ一・一九）。

しかし、主の母マリアを軽んじることは問題です。私たちプロテスタント教会が、主の母マリアを必要以上に軽んじることは、厳に戒めなければなりません。マリア崇拝を避けるあまり、神が選び、主の母と定められたマリアの清純さや敬虔さを過小評価し、卑しめることは慎まなければなりません。その意味で、聖書信仰の許せる範囲においてカトリック教会の美風に倣うことも大切なことです。マリアに祈ったりせず、マリアの奇跡物語に自ら距離を置くことはあっても、マリアを大切に思っている人々の心を傷つける言動は慎みたいものです。

最後の問題を取り上げます。処女降誕の記事は、四つの福音書のマルコとヨハネに書かれていないということを問題にする議論があります。そのことへの説明をします。

ヨハネは「ことばは人となって、私たちの間に住まわれた」（ヨハネ一・一四）と語っています。ヨハネはマタイとルカの記述を前提としていました。その福音書一章一～二節には「初めにことばがあった。ことばは神とともにあった。ことばは神であった。この方は、初めに神とともにおられた」とあります。ハイデルベルク信仰問答でイエスは「永遠の神の子」であることを話しましたが、まさにそのことを使徒ヨハネは述べているのです。マタイとルカの福音書と違う処女降誕の記述です。

マルコは、主の弟子たちより若い世代です。イエスの地上の生涯に関わりなく約三十年以上を過ごしていました。地上の主イエスとの出会いはありません。世代間のギャップがあります。また、使徒ペテロの通訳者としてペテロの語る福音の断片を書き記しました。マルコの福音書の目的はイエスの伝記的生涯を書くことではなく、バプテスマのヨハネと結びついて始まったイエスの公生涯にありました。したがって、イエスの幼少時代のことは書かれていないのです。

処女降誕のことが最初に啓示されたのは、マリアとヨセフに対してでした。二人はこの事実を軽々しく口外しなかったと推測されます。イエスが約三十年後、十字架の死後復活され、神の子であることをはっきりと表されるまで沈黙は守られていたのではないでしょうか。そして、徐々にイエスの母の口からこの驚くべき出来事が語られ、使徒たちによって福音書に記され、やがて教会の信仰箇条となり、今に至っていると思われます。

使徒パウロは受肉について、当時の信仰告白の中で語っています。「だれもが認めるように、この敬虔の奥義は偉大です。キリストは肉において現れ……」（Ⅰテモテ三・一六）。

むすび

キリストの処女降誕について否定する人々が多くいます。その人々は、おおむねすべての奇跡を否定するわけです。ヨハネの手紙第一、四章五～六節に書かれているとおりです。「彼らはこの世の者です。ですから、世のことを話し、世も彼らの言うことを聞きます。私たちは神から出た者です。神を知っている者は私たちの言うことを聞き、神から出ていない者は私たちの言うことを聞きません。それによって私たちは、真理の霊と偽りの霊を見分けます。」

それは、神から離れ、神に背くアダム以来の堕落した理性による当然の帰結でしょう。なぜなら、自分の尺度が絶対的に正しいと考えていますから、その尺度で測れないものを信じようとしないのです。イエス・キリストによって新しく生まれ、神の権威である聖書の権威を認めるようになった人は、この聖書の記述を事実として確信するようになったのです。それゆえ、使徒信条のこの項目も心から告白するようになったのです。真のクリスチャンとは、このような人々のことを指しているのです。

ポンテオ・ピラトのもとに

ヨハネの福音書一九章一～一六節

ポンテオ・ピラトは、イエスが十字架につけられた時のローマ帝国のシリア地方総督としてエルサレムに君臨していた人です。歴史上の事実であることを示すための人名であるなら、時のローマ皇帝「ティベリウスのもとに苦しみを受け」と言ってもよかったのです。では、なぜ使徒信条は「ポンテオ・ピラトのもとに」と言ったのでしょうか。その理由の一つが今回の聖書の箇所を読めばわかります。ピラトが主イエスを裁いた場面です。その解説の前に、最後の裁判過程を見ておきましょう。イエスの生涯を記録した四つの福音書の全部の記事を合わせると、イエスが十字架で処刑される前夜、六回の審問を受けられたことがわかります。簡単に裁判の経緯を順に辿ってみましょう。

逮捕直後、大祭司アンナスのところに連れ出されました（ヨハネ一八・一三～一四）。次に時の大祭司カヤパの家に連行され、審問を受けられました（同一九〜二四節）。さらに早朝、正式なユダヤ最高法院サンヘドリンの公式審問があり（マルコ一五・一）、続いてローマの総督ピラトの前での審問があり（マタイ二七・二〜二六）、ガリラヤ人の王、ヘロデの前での形式的審問が行われ（ルカ二三・六〜一二）、最後に、ピラトのところで最終審問がなされ、有罪の決定があった。

これらの手続きは、当時のユダヤがローマに支配されており、死刑の判決を下す権限を持っていなかったところに理由があります。サンヘドリンは、それでもなお多くの権威をローマから許されていました。しかし、死刑の判決を下し、実施することはローマの手の中にありました。

ピラトの審問とイエスの罪名

イエス・キリストの込み入った裁判経過は以下のとおりです。しかし、最終的にイエスを苦しめ、十字架につけ、殺したのはピラトであることは明らかです。その十字架刑の出来事を記録している箇所が、ヨハネの福音書一九章です。その一〇節で、ピラトは自らの法的権威を宣言しています。「そこで、ピラトはイエスに言った。『私に話さないのか。私にはあなたを釈放する権威があり、十字架につける権威もあることを、知らないのか。』」

正当な裁判において政治的な権威を持っている人のみが判決を下すことができます。使徒信条は「ポンテオ・ピラトのもとで」ということは、それを確認しているのです。ですから、ヨハネの福音書一九章一六節において、「ピラトは、イエスを十字架につけるため彼らに引き渡した」という判決を下すことができたのです。

しかし、ここで堂々としているのは裁く権威を持っているピラトではなく、裁かれる側の主イエスです。このような逆転現象が起こる理由があります。それは、ピラトの持つ権威はこの世の権威であり、主イエスの持つ権威はこの世の権威ではないからです。

ピラトの裁判は、ヨハネの福音書一八章二八節から始まっています。ピラトと主イエスの問答の中でこの逆転現象はすでに始まっていました。ヨハネの福音書一八章三三～三六節を引用します。


「そこで、ピラトは再び総督官邸に入り、イエスを呼んで言った。『あなたはユダヤ人の王なのか。』イエスは答えられた。『あなたは、そのことを自分で言っているのですか。それともわたしのことを、ほかの人々があなたに話したのですか。』ピラトは答えた。『私はユダヤ人なのか。あなたの同胞と祭司長たちが、あなたを私に引き渡したのだ。あなたは何をしたのか。』イエスは答えられた。『わたしの国はこの世のものではありません。もしこの世のものであったら、わたしのしもべたちが、わたしをユダヤ人に渡さないように戦ったでしょう。しかし、事実、わたしの国はこの世のものではありません。』」

続く三七~四〇節に、主イエスの裁かれた罪名が何であるかということが記されています。

「そこで、ピラトはイエスに言った。『それでは、あなたは王なのか。』イエスは答えられた。『わたしが王であることは、あなたの言うとおりです。わたしは、真理について証しするために生まれ、そのために世に来ました。真理に属する者はみな、わたしの声に聞き従います。』ピラトはイエスに言った。『真理とは何なのか。』こう言ってから、再びユダヤ人たちのところに出て行って、彼らに言った。『私はあの人に何の罪も認めない。過越の祭りでは、だれか一人をおまえたちのために釈放する慣わしがある。おまえたちは、ユダヤ人の王を釈放することを望むか。』すると、彼らは再び大声をあげて、『その人ではなく、バラバを』と言った。バラバは強盗であった。」

ユダヤ人はローマの属国ですから、死刑の権限を与えられていません。そこで、総督ピラトの権威を利用してイエスの殺害を画策しました。ローマの権力がイエス殺害に値する罪名が「ユダヤ人の王」だったのです。ピラトの判断は三八節にあるように無罪でした。

このピラトの無罪判決を押し返すためにユダヤ人たちが答えたのが一九章七節です。「ユダヤ人たちは彼に答えた。『私たちには律法があります。その律法によれば、この人は死に当たります。自分を神の子としたのですから。』」

ピラトは、この言葉を聞いて「ますます恐れを覚えた」と書いてあります。前から恐れていたピラトの恐れが大きくなる理由は何でしょう。ユダヤ人たちの脅迫です。「騒ぎを大きくして皇帝ティベリウスに訴えて、おまえの地位を失脚させてやる」と脅かしているのです。ピラトはその脅かしに屈し、主イエスの無罪を確信しながら十字架刑に引き渡したのです。

主イエスは、無実であるにもかかわらず裁かれ、罰せられたのです。この誤審を主イエスは喜んでお受けになられたのです。無実のお方が罪深い私たちに代わって十字架につけられたのです。ピラトの日和見的な態度が歴史に不名誉な名を残す結果になりました。彼にとって残念なことですが神さまのご計画であったことを次に話します。

十字架の救いの確かさ

主イエスの死刑は、他の処刑法ではなく、十字架刑でなければなりませんでした。神さまがこれをお決めになっておられます。

「十字架」は神からの呪いを意味しています。しかも、私たちに代わって呪われてくださったのです。主イエスの十字架の救いが成就した新約聖書の時代に、使徒パウロが記したガラテヤ人への手紙三章一三節に、モーセの時代の神からの預言が繰り返されています。「キリストは、ご自分が私たちのためにのろわれた者となることで、私たちを律法ののろいから贖い出してくださいました。『木にかけられた者はみな、のろわれている』と書いてあるからです。」

旧約時代のモーセによる荒野の旅の記録が、民数記にあります。荒野で神への不信仰と反逆の罪のゆえに裁かれ、燃える蛇（毒蛇）にかまれ、今まさに死なんとする民に与えられた約束が、旗竿（木）につるされた青銅の蛇を仰ぐことでした。主の命令は、のろいの木にかけられた蛇を仰ぐことであり、蛇にかまれた者も見上げるだけで救われたのです（民数二一・九）。その歴史的出来事を、主イエスの弟子ヨハネが福音書に取り上げています。「『だれも天に上った者はいません。しかし、天から下って来た者、人の子は別です。モーセが荒野で蛇を上げたように、人の子も上げられなければなりません。それは、信じる者がみな、人の子にあって永遠のいのちを持つためです』」（ヨハネ三・一三〜一五）。

この後、有名なみことばが一六節で語られます。「神は、実に、そのひとり子をお与えになったほどに世を愛された。それは御子を信じる者が、一人として滅びることなく、永遠のいのちを持つためである。」

旧約時代のこの史実は、主イエスが私たちに代わって呪われてくださったので、主イエスを救い主と信じる者は神からの呪いを受けなくてすむようになったというわけです。さらに言えば、もう呪われることはなくなったのです。その祝福を受けるために、私たちは何をしたでしょうか。何もしていません。聖なる神がご自身の御子キリストにおいてしてくださったことがすべてです。主イエスの十字架による救いの客観的、歴史的出来事のみにすべてがかかっています。

旧約聖書の信仰告白として、詩篇四四篇一～三節において、イスラエルの民を救われた神ご自身の一方的、歴史的出来事の数々が神への賛美としてささげられています。

「神よ　私たちはこの耳で聞きました。
先祖たちが語ってくれました。
あなたが彼らの時代　昔になさったみわざを。
あなたは　御手をもって異邦の民を追い払い
そこに先祖たちを植えられました。
もろもろの国民にわざわいを下し
そこに先祖たちを送り込まれました。
自分の剣によって　彼らは地を得たのではなく
自分の腕が　彼らを救ったのでもありません。

ただあなたの右の手　あなたの御腕
あなたの御顔の光が　そうしたのです。
あなたが彼らを愛されたからです。」

イスラエルの民が何をしたかによらず、神が彼らに何をなされたのかという歴史的な出来事にすべてがかかっています。同じように、私たちも自分の言葉、自分の行いに救いの根拠を置くならば信仰は崩れてしまうことでしょう。それほどに私たちの罪は大きく深いのです。まさに、呪われるべきものです。その呪いから解放してくださった主イエスの十字架の救いの根拠は、私たち自身の内側にはありません。神の救いの根拠は、旧約時代・新約時代一貫して神のみわざの歴史的な出来事と、客観的事実として私たちの外側にあるのです。

その重要な意味を確認する使徒信条の言葉が、「ポンテオ・ピラトのもとに苦しみを受け、十字架につけられ」です。この「私たちの外側」（ラテン語で extra nos）ということを、マルティン・ルターをはじめ、宗教改革者たちは強調しました。救いの根拠は、私たちの外側にあるのです。繰り返します。十字架の歴史性・事実性はとても大切なことです。

むすび

今回、初めに十字架刑の前夜から明け方にかけての裁判の経緯を振り返りました。今一度ピラトの果たした役割にスポットを当ててみましょう。

使徒信条に触れられていませんが、主イエスの十字架刑の執行において関わりのあった人物がいます。サンヘドリン（最高法院）議長で大祭司のカヤパです。このカヤパこそ、主の死刑をピラト以上に望みました。しかし、最高法院は主イエスの逮捕、尋問の確かな裏付けを得られない窮地におかれていました。訴えを証言する人がなく、他に確かな証拠もなかったのです。主イエスは無罪放免される状況にありました。しかし、「あなたは神の子キリストか」というカヤパの最後の問いに、主イエスは、「あなたが言ったとおりです」（マタイ二六・六四）と答えます。この一言で、「神への冒瀆」は明らかになったとし、もはや証人はいらないとして、ただちに主イエスの死刑を求める決議がなされます。

主イエスがこの問いに沈黙していれば無罪だったのです。しかし、主イエスの目的はサンヘドリンで、公式に「キリスト宣言」することだったのです。その結果、神の民が、主イエスをキリストと知ったうえで十字架にかけることにしたのです。

続いて、カヤパは主イエスをピラトに引き渡し、死刑の判決を求めますが、ピラトの判断は「無罪」でした。カヤパは「『この者は、ガリラヤから始めてここまで、ユダヤ全土で教えながら民衆を扇動しているのです』と言い張った」（ルカ二三・五）のです。ピラトは、この「ガリラヤ」という言葉に反応して、ガリラヤを管轄するヘロデ王に主イエスを送ります。ヘロデはまともに取り上げず、主イエスを嘲《あざけ》ってからピラトのもとに送り返します。まさにたらいまわしです。困ったカヤパは群衆をあおり、「十字架につけろ」と叫ばせますが、ピラトの判断は変わらず、またまた「無罪」を宣言し、カヤパに告げます。しかし、「十字架につけろ」の声がさらに大きくなり、暴動になるのを恐れ、ピラトは自己保身のため、主イエスを十字架につけることを宣告します。

ピラトはローマの権威を持っていましたが、その権威のもとにあるユダヤ人の最高法院の権威の脅かしに屈したのです。異邦人が主イエスを殺したのではなく、神の選びの民であるイスラエルの民がキリストを死に渡したのです。こうしてピラトの名はいつまでも不名誉な名となりました。

苦しみを受け、十字架につけられた主

ペテロの手紙第一、二章二二〜二五節

前章では使徒信条の「ポンテオ・ピラトのもとに」ということについて学びました。ここでは「苦しみを受け、十字架につけられ」という言葉が示していることを考えてみましょう。

苦しみの生涯を歩まれた主イエス

思い返せば、主イエスが苦しみを受けられたのは、受難週と呼ばれる終わりの時だけではありません。そのご生涯のすべての時が苦しみの人生であったのです。馬小屋の飼い葉桶での誕生は、すでに主イエスの十字架の苦難を象徴していました。

おとめマリアからお生まれになった時から、エジプトへの逃避行、ナザレの村の貧しい大工の子としての生い立ち、父親の若死にともない長男として働き、弟妹を養う務めを果たし、母を支える生活苦があったことでしょう。神の国の宣教に立ち上がった後も、人々の嘲りと冷たい仕打ちを受け続ける公生涯でした。使徒信条の言葉にその苦しみが描かれています。「苦しみを受け、十字架につけられ、死にて葬られ、陰府に下り」という、短い一つひとつの小さな言葉が、主イエスの厳しい状況を物語っているのです。

すでに述べたように、「苦しみを受け」という言葉は、主イエスご自身が十字架の予告として語っておられます。「それからイエスは、人の子は多くの苦しみを受け、長老たち、祭司長たち、律法学者たちに捨てられ、殺され、三日後によみがえらなければならないと、弟子たちに教え始められた」（マルコ八・三一）。

主イエスの苦しみの最たるものは、なんといっても十字架刑を受けるところにあります。使徒信条は、主の誕生のことを告白した後すぐに主の十字架の苦難の告白をしています。

弱々しく、無力な救い主の姿

晩年の使徒ペテロは、キリストのお姿を「ののしられても、ののしり返さず、苦しめられても、脅すことをせず」と述べています（Ⅰペテロ二・二三）。十字架につけられるキリストの姿は、全くの無力さをさらけ出したのです。

ゴルゴタの丘を見上げて通る群衆は、「頭を振りながらイエスをののしって言った。『おい、神殿を壊して三日で建てる人よ。十字架から降りて来て、自分を救ってみろ』」（マルコ一五・二九～三〇）。祭司長たちも律法学者たちと一緒になって、代わる代わるイエスを嘲って言いました。「他人は救ったが、自分は救えない。キリスト、イスラエルの王に、今、十字架から降りてもらおう。それを見たら信じよう」（同三一～三二節）。このとき、「一緒に十字架につけられていた者たちもイエスをののしった」というのです。なんという受け身の、情けない姿だったことでしょうか。

イエスの苦しみは、されるがままの受動的な状態でした。まさに「受難」だったのです。この、されるがままの十字架こそが、主イエスの最大のみわざであると使徒信条は告白しています。地上における、主イエスのさまざまな教えと、数々の奇跡は、能動的なみわざであります。しかし、それ以上に重要なこととして、受け身の苦しみを黙って受けられたのです。

十字架のみわざの意義

されるがままになって十字架につけられることこそ、主イエスが地上に来られた目的でありました。「人の子も、仕えられるためではなく仕えるために、また多くの人のための贖いの代価として、自分のいのちを与えるために来たのです」(同一〇・四五)とあるように。

使徒ペテロの手紙第一、二章二二節はその救いの事実を告白しています。「キリストは自ら十字架の上で、私たちの罪をその身に負われた。」群衆の見世物となり、さらし者にされ、息を引き取られた姿は、無力そのものでした。しかし、そこに主イエスの能動的なみわざが秘められていました。「だれも、わたしからいのちを取りません。わたしが自分からいのちを捨てるのです。わたしには、それを捨てる権威があり、再び得る権威があります。わたしはこの命令を、わたしの父から受けたのです」(ヨハネ一〇・一八)。

主イエスは十字架上で七つの言葉を発しておられます。その六番目の言葉が「完了した」(同一九・三〇)です。受難の極限の苦しみの中で息も絶え絶えに、言われた言葉が「完了した」でした。まるで、これが最大の仕事であるかのように「完了した」と言われたのです。使徒信条が、主イエスの誕生に続いていきなり十字架について告白することが理解できます。つまり、十字架のみわざこそがイエス・キリストの降誕の最大の意義なのです。

十字架は罪を赦し、恥をおおい、悲しみを癒やす

十字架で流されたイエスの血に、私たちの罪を赦し、恥をおおい、悲しみを癒やす恵みがあり

ます。私たちの救いを完了してくださるイエスの愛とあわれみが流れ出ています。

旧約聖書に、神に背き続けるイスラエルの民に向かって、神は預言者ホセアを通して語っておられる言葉が記されています。「エフライムよ。わたしはどうしてあなたを引き渡すことができるだろうか。イスラエルよ。どうしてあなたを見捨てることができるだろうか……わたしの心はわたしのうちで沸き返り、わたしはあわれみで胸が熱くなっている」（ホセア一一・八）。

やがて、神はホセアとほぼ同時代の預言者イザヤを通して、救い主イエス・キリストをこの世界に送ることを約束しておられます。父なる神は、私たちの罪の裁きを、御子イエスに身代わりに負わせることでした。


「私たちはみな、羊のようにさまよい、それぞれ自分勝手な道に向かって行った。しかし、主は私たちすべての者の咎を彼に負わせた。彼は痛めつけられ、苦しんだ。だが、口を開かない。屠り場に引かれて行く羊のように、毛を刈る者の前で黙っている雌羊のように、彼は口を開かない。」

（イザヤ五三・七～八）


イザヤの預言は、続く一二節に次のようにあります。「彼は多くの人の罪を負い、背いた者たちのために、とりなしをする。」

やがて、時代は新約時代になりました。主イエスの十字架の上の最初のことばは、「父よ、彼らをお赦しください。彼らは、自分が何をしているのかが分かっていないのです」(ルカ二三・三四)でした。イザヤの預言のとおりになりました。私たちの汚れ、恥、罪のすべてを自分で背負うことはできません。そのすべての責任を負い、主イエスは十字架にかかられました。その、イザヤの預言を使徒ペテロは思い返しながら、この手紙を書いています。「あなたがたは羊のようにさまよっていた。しかし今や、自分のたましいの牧者であり監督者である方のもとに帰った」(Iペテロ二・二五)。

むすび

クリスマスに生まれてくださった主イエスは、苦しみの生涯を送り、十字架の死に至るまで、ご自身をおささげくださいました。十字架は、私たちが主イエスに追いやったのではなく、私たちを救うために、父なる神様がしてくださった救いのみわざであることがわかりました。

十字架の前夜、大祭司カヤパのユダヤ最高法院(サンヘドリン)で、「イエスは黙っておられた」(マタイ二七・六三)とあり、総督ピラトの尋問にも「イエスは何もお答えにならなかった」(ヨハネ一九・九)とあります。「ののしられても、ののしり返さず、苦しめられても、脅すことをせず、正しくさばかれる方にお任せになった」（Ｉペテロ二・二三）とペテロが述べているとおりです。主イエスは沈黙したまま、父なる神の裁きを引き受けられました。罪なき神の御子が罪に定められ、罪びとの私たちがこの方を信じるゆえに、罪なき者、義なる者と認められたのです。これがイエス・キリストの救いです。

私たちは、今日、主の憐みと愛を原動力として、十字架を仰ぎつつ、神さまの愛のうちに生きて行く決意を深めましょう。

死にて葬られ陰府《よみ》に下り

ペテロの手紙第一、三章一八～二二節

前章では、「苦しみを受け、十字架につけられ」という意味について学びました。この章では、それに続く「死にて葬られ陰府に下り」の項目で、もう少し掘り下げて学びます。この条項は、同じことを繰り返し、重ねて語っているのでしょうか。言葉を丁寧に重ねる理由があるのでしょうか。そこを掘り下げてみます。

キリストの死と葬りの理由

キリストの死は、苦しみを受ける死であったと言います。その苦しみは、神の裁きとしての死、のろいとしての死を味わうところからきます。それは、単なる生理的な肉体の死という現象にとどまりません。聖書は、いのちの創造者である神との断絶によって「死」がこの世界に入り込んだと述べています。創世記三章のエデンの園における神の命令に対するアダムとエバの謀反が原因です。「神である主は人に命じられた。『あなたは園のどの木からでも思いのまま食べてよい。しかし、善悪の知識の木からは、食べてはならない。その木から食べるとき、あなたは必ず死ぬ』」(一六~一七節)。

神はご自身の義と真実のゆえに、この契約の破棄に対する裁きとしての死をもたらされました。契約違反に対する裁きは、「のろわれる」ことであると言われています。もちろん、主イエスにはまったく罪がありません。罪の中に生まれ、罪を犯し続ける罪びとの身代わりとなり、罪の裁きを受け、罪を赦すための神の法的な救いの行為だったのです。罪のない御子の死による以外には、私たちの罪を償うことができなかったからです。冒頭の聖書箇所、ペテロの手紙第一、三章一八節を今一度味わってください。「キリストも一度、罪のために苦しみを受けられました。正しい方が正しくない者たちの身代わりになられたのです。それは、肉においては死に渡され、霊においては生かされて、あなたがたを神に導くためでした。」

「葬り」の意味は何でしょう。主イエスの死は、幻想や演技ではなく、失神や仮死状態でもなかったのです。葬りは、その死が本当の死であることを表しています。福音の土台についての伝承がコリント人への手紙第一、一五章一~五節にあります。その四節前半に葬りがあります。

「兄弟たち。私があなたがたに宣べ伝えた福音を、改めて知らせます。あなたがたはその福音を受け入れ、その福音によって立っているのです。私がどのようなことばで福音を伝えたか、あなたがたがしっかり覚えているなら、この福音によって救われます。そうでなければ、あなたがたが信じたことは無駄になってしまいます。私があなたがたに最も大切なこととして伝えたのは、私も受けたことであって、次のことです。キリストは、聖書に書いてあるとおりに、私たちの罪のために死なれたこと、また、葬られたこと、また、聖書に書いてあるとおりに、三日目によみがえられたこと、また、ケファに現れ、それから十二弟子に現れたことです。」

ここでの葬られたとは、アリマタヤのヨセフの墓に納められたという、十字架刑の囚人として異例の事柄を指しているのでしょう。

「アリマタヤ出身のヨセフは、勇気を出してピラトのところに行き、イエスのからだの下げ渡しを願い出た。ヨセフは有力なユダヤの国会議員で、自らも神の国を待ち望んでいました。ピラトは、それを聞いてイエスがもう死んだのかと驚いた。そして百人隊長を呼び、イエスがすでに死んだのかどうか尋ねた。百人隊長に確認すると、ピラトはイエスの遺体をヨセフに下げ渡した。ヨセフは亜麻布を買い、イエスを降ろして亜麻布で包み、岩を掘って造った墓に納めた。そして、墓の入り口には石を転がしておいた。マグダラのマリアとヨセの母マリアは、イエスがどこに納められるか、よく見ていた。」（マルコ一五・四三〜四七）

これらの記事は、主イエスは、死人の中に加えられたと確証しているのです。使徒パウロは、ピシディアのアンティオキィアの説教で語っています。

「エルサレムに住む人々とその指導者たちは、このイエスを認めず、また安息日ごとに読まれる預言者たちのことばを理解せず、イエスを罪に定めて、預言を成就させました。そして、死に値する罪が何も見出せなかったのに、イエスを殺すことをピラトに求めたのです。こうして、彼らはイエスについて書かれていることをすべて成し終えた後、イエスを木から降ろして、墓に納めました。」（使徒一三・二七〜二九）

この最後の「墓に納めました」ということが「葬り」です。葬られて死人の中に加えられたイエスがよみがえられたと説教したのです。続く一三章三〇節で、「しかし、神はイエスを死者の中からよみがえらせました」とあります。「キリストが死んでよみがえられたのは、死んだ人にも生きている人にも、主となるためです」（ローマ一四・九）。これはなんと大きな慰めを与えてくれることでしょうか。

福音を信じない人の人生は墓で終わります。愛する人を亡くした者たちは、亡くなった人たちを慕って墓に向かいます。しかし、結局のところ墓を見つめる以外に何もできません。イエスの十字架の死と葬りの終わったあと、同じような光景がありました。「さて、安息日が終わって週の初めの日の明け方、マグダラのマリアともう一人のマリアが墓を見に行った」（マタイ二八・一）。しかしこの直後、驚くべきことが起こります。それが、福音に生きるすべての人の受ける慰めです。その驚くべき福音は、次章で取り扱います。ここでは、さらに残りのことを学びます。

キリストの死と私たちの死

ここで、一つの疑問が起こります。主イエスが私たちのために死んでくださったのであれば、私たちは死ななくてよくなったのではありませんか。それなのに、私たちは依然として死ななければならない理由はどこにあるのでしょう。

この疑問に対する答えは、キリストの死によって私たちの死の意味が大きく変えられているから、ということです。使徒パウロは、復活に関するコリント人への手紙第一、一五章五四節に

「死は勝利に呑み込まれた」と語り、五七節で「しかし、神に感謝します。神は、私たちの主イエス・キリストによって、私たちに勝利を与えてくださいました」と結んでいます。

まさにキリスト者の死は、キリストの死にあずかる死であり、キリストの永遠のいのちにあずかる通路となったのです。「私たちは、キリストの死にあずかるバプテスマによって、キリストとともに葬られたのです。それは、ちょうどキリストが御父の栄光によって死者の中からよみがえられたように、私たちも、新しいいのちに歩むためです。私たちがキリストの死と同じようになって、キリストと一つになっているなら、キリストの復活とも同じようになるからです」（ローマ六・四〜五）とは、そのことを示しています。

このみことばは、それだけで終わりません。十字架につけられたキリストの犠牲の死から、信じる者が受ける、さらなる益が与えられることを語っています。キリストの御力によって、彼を信じる者の古い自分が、キリストと共に十字架につけられ、死んで、葬られるということです。この恵みを、ローマ人への手紙六章は六節から一一節において語り続けています。

「私たちは知っています。私たちの古い人がキリストとともに十字架につけられたのは、罪のからだが滅ぼされて、私たちがもはや罪の奴隷でなくなるためです。死んだ者は、罪から解放されているのです。私たちがキリストとともに死んだのなら、キリストとともに生きることにもなる、と私たちは信じています。私たちは知っています。キリストは死者の中からよみがえって、もはや死ぬことはありません。死はもはやキリストを支配しないのです。なぜなら、キリストが死なれたのは、ただ一度罪に対して死なれたのであり、キリストが生きておられるのは、神に対して生きておられるのだからです。同じように、あなたがたもキリスト・イエスにあって、自分は罪に対して死んだ者であり、神に対して生きている者だと、認めなさい。」

なんという素晴らしい恵みでしょう。罪と律法に対して死んだ私たちは、今やキリストとともによみがえらされたことにより、神の子としての新しいいのちに生き始めます。その恵みに応え、自分自身を感謝のいけにえとして、神にささげて生きるのです。それが、先ほどのみことばに続く、一二～一四節にあります。

「ですから、あなたがたの死ぬべきからだを罪に支配させて、からだの欲望に従ってはいけません。また、あなたがたの手足を不義の道具として罪に献げてはいけません。むしろ、死者の中から生かされた者としてあなたがた自身を神に献げ、また、あなたがたの手足を義の道具として神に献げなさい。罪があなたがたを支配することはないからです。あなたがたは律法の下にではなく、恵みの下にあるのです。」

ここから、有名な一二章一節に結びつくのです。「ですから、兄弟たち、私は神のあわれみによって、あなたがたに勧めます。あなたがたのからだを、神に喜ばれる、聖なる生きたささげ物として献げなさい。それこそ、あなたがたにふさわしい礼拝です。」

陰府に下り

使徒信条の中で、最も解釈が困難な箇所です。聖書には、「陰府に下り」という言葉が記述されていません。しかし、死後の霊の存在についての記述は旧新約聖書において決して少なくありません。ルカの福音書一六章の「金持ちとラザロ」の話の中にも出てきます。「金持ちが、よみで苦しみながら目を上げると、遠くにアブラハムと、その懐にいるラザロが見えた」（ルカ一六・二三）。

ここで「よみ」と訳されたギリシア語は「ハデス」であり、「ゲヘナ」（地獄）ではありません。金持ちとラザロがいるところは、ともに「ハデス」なのです。このテキストの詳しい解説はここではしませんが、人が死後に行くところは「陰府＝よみ」であったことは、古代キリスト教会の共通理解でした。洗礼試問の基準として用いられていた古代キリスト教の基本信条で、最初に「陰府に下り」というフレーズが現れたのは、三九〇年ごろのアクイレア信条で、やがて使徒信条に受け継がれます。その後、三位一体の神という教えを決定したアタナシオス信条（四五〇年）にも、「陰府に下り」が入っています。当時、異端として排斥された「仮現説」（ドケチズム＝キリストは、その身体は人間でもたましいは神であり、本当の意味で人間ではなかった。だから死を経験したとは言えないという教え）を意識し、異端説との違いを明確にしたのでしょう。

その後、カトリック教会では、キリストは死後、旧約時代の聖徒たちの眠る霊の世界に行き、福音を宣べ、贖いを適用し、天国へ連れ上ったとされています。宗教改革者ルターは、キリストが死んだ後、ハデスに下り、サタンと闇の力に対して勝利の宣言をし、有罪の判決を言い渡したとし、それはキリストが高く上げられる第一の段階であったとします。そのとき、キリストは勝利の凱旋をしたというのです。

私は、ハイデルベルク信仰問答四四と同様に、この解釈に立っています。著名な牧師・神学者の加藤常昭師がその著書において、ペテロの手紙第一、三章一八～二二節について、書いておられる文章を引用します。

「主イエスが、陰府にいる人々にみ言葉を宣べ伝えられた、救いを告げられたということを信仰によって語っています。つまり、地上において主イエスの恵みにあずかることのできないまま滅びの世界に行った人々も、キリストによって救われる望みが与えられるのです。」
（『加藤常昭信仰講話Ⅵ　使徒信条・十戒・主の祈り』上、教文館、二〇〇〇年、二五六頁）

私は、死後の救いを信じるゆえに、福音宣教の重要性を軽んじることを望みません、よみと地獄は全く別の場所であり、地上に生存中に回心することが最も良いのです。それは、死後の回心よりはるかに優っている恵みです。地上において回心しなかった人は、霊的に豊かな人生を神とともに歩めません。

しかし、九九パーセントの人々が不信者である日本宣教の突破口は、この福音理解によって開かれるであろうことを期待しています。ペテロの手紙第一、三章一九節の「宣言」を「警告」とする解釈もあることは知っているのですが、私は加藤先生と同じ理解を持っています。加藤常昭先生の先に述べた聖書解釈を待たないで、私も同じ理解を表明するリスクを受ける覚悟をしていましたが、あらためて良き同志を得た思いです。死者の救いの可能性は、ひとり子を下さった愛の神の助手におゆだねし、安心して同胞の福音宣教にいそしみたいと願っています。

むすび

人間にとって最も大きな恐れは「死」です。死は最大の敵ですが、死は勝利に呑まれたのです。死はキリストにあって、キリストとともに歩む人生の最後の通過点であり、人生の旅路のゴールです。喜ばしい目的地です。

多くの宗教では、「死」を汚れと見て祓い清めようとしています。しかし、それは本当の解決になりません。本当の死に対する勝利を得るには、主イエス・キリストの十字架のもとに来なければならないのです。私たちは、「すべての造られたものに福音を宣べ伝え」、よみにいる愛する人々が神の福音に触れて、憐れみ深い神を共にほめたたえる日を期待して、主にゆだね、福音宣教に励まねばなりません。「イエスの名によって、天にあるもの、地にあるもの、地の下にあるもののすべてが膝をかがめ、すべての舌が『イエス・キリストは主です』と告白して、父なる神に栄光を帰するためです」（ピリピ二・一〇～一一）。

主イエスが三日目に復活した意味

コリント人への手紙第一、一五章三〜一一節

この章では使徒信条の「三日目によみがえられ」について学びます。ここから、イエス・キリストの復活についての告白になります。言うまでもないことですが、復活はキリスト教信仰の最も中心的な内容です。使徒パウロが述べているとおりです。「もし死者がよみがえらないとしたら、キリストもよみがえらなかったでしょう。そして、もしキリストがよみがえらなかったとしたら、あなたがたの信仰は空しく、あなたがたは今もなお自分の罪の中にいます。そうだとしたら、キリストにあって眠った者たちは、滅んでしまったことになります」（Ⅰコリント一五・一六〜一八）。

使徒信条は、この大切な復活信仰の書き出しに当たって、「三日目に」と述べたのです。その意味はどこにあるのでしょう。大きな意味があればこそ、復活信仰の初めにこの言葉を述べているのです。

「三日目」は、ユダヤの暦から算定

主イエスが十字架で息を引きとられたのは、備えの日（安息日の前日）の午後三時頃でした。新約聖書の福音書には、次のようにあります。

「さて、すでに夕方になっていた。その日は備え日、すなわち安息日の前日であったので、アリマタヤ出身のヨセフは、勇気を出してピラトのところに行き、イエスのからだの下げ渡しを願い出た。ヨセフは有力な議員で、自らも神の国を待ち望んでいた」（マルコ一五・四二～四三）。

「さて、十二時になったとき、闇が全地をおおい、午後三時まで続いた。そして三時に、イエスは大声で叫ばれた。『エロイ、エロイ、レマ、サバクタニ。』訳すと『わが神、わが神、どうしてわたしをお見捨てになったのですか』という意味である」（同三三～三四節）。

主がよみがえられた時間について、マルコは正確に記録しています。これは、イエスの弟子ペテロの証言によるのでしょう。「さて、安息日が終わったので、マグダラのマリアとヤコブの母マリアとサロメは、イエスに油を塗りに行こうと思い、香料を買った。そして、週の初めの日の早朝、日が昇ったころ、墓に行った」（同一六・一～二）。

主イエスの復活の時刻は厳密に言えばわからないのですが、「週の初めの日の早朝」ということは確かです。これは、金曜日の午後三時ごろに息を引き取り、日曜日の早朝に復活したということです。私たちは、「三日目」というと、三日間も死んでいたのだと思ってしまうのですが、実のところ、七十二時間ではなくその半分の三十数時間だったのです。言い換えれば「足掛け三日間」と言うべきでしょう。

「三日目」とは、ユダヤ暦の計算方法で、初日を含む数え方です。午後の三時から夕方までを一日として数えます。日本の民法の数え方で言えば、土曜日は二日目になります。しかし、金曜日を一日目、土曜日を二日目、日曜日を三日目と数えることは日本的で、ユダヤ的感覚と似ている自然な数え方ではないでしょうか。少し前まで、日本では「数え年《かぞえどし》」という年齢の数え方をしていました。正月になると、年齢が一歳加えられていました。生まれた年を数えないで、「〇歳」という「満年齢」の数え方は、感覚的にずれているからでしょうか。「満一歳」になる前も、赤ちゃんは人間として生きているのです。数の数え方も、ユダヤと昔の日本は似ているのです。

主イエスの約束と旧約聖書の預言

冒頭の聖書箇所の、コリント人への手紙第一、一五章三、四節には、「聖書に書いてあるとおりに」と繰り返されています。その言葉の後に「三日目に」と述べるのです。この「三日目」が単なる数字の三日ではなく、大きな意味を持っているのです。

使徒パウロが伝えた最も大切な福音の中心的事柄の中に、「三日目に」が強調されていることを、使徒信条は受け継いでいます。使徒パウロの言葉と使徒信条が告白することは、ぴたりと一致しています。まさに、使徒信条と呼ばれるにふさわしいのです。パウロの独創ではなく、パウロだけの信仰経験だけにとどまらない、かつてのキリスト教迫害者も受け継いだ福音だというのです。「私があなたがたに最も大切なこととして伝えたのは、私も受けたことであって、次のことです」（Ⅰコリント一五・三）。

主イエスは、パリサイ人たちとの論争の中でしるしを求められ、その答えとしてヨナが三日三晩、魚の腹の中にいたことを引用して弁明しています。「しかし、イエスは答えられた。『悪い、姦淫の時代はしるしを求めますが、しるしは与えられません。ただし預言者ヨナのしるしは別です。ヨナが三日三晩、大魚の腹の中にいたように、人の子も三日三晩、地の中にいるからです』」（マタイ一二・三九～四〇）。ヨナのしるしとは、ヨナ書一章一七節のことです。「主は大きな魚を備えて、ヨナをのみ込ませた。ヨナは三日三晩、魚の腹の中にいた。」主イエスは、ご自分が三日三晩「地の中にいた」ことを証明するために、ヨナ書の記事を引き合いに出しておられます。

そのほか、主は弟子たちにあらかじめ語られました。殺されて三日目によみがえるということです。「そのときからイエスは、ご自分がエルサレムに行って、長老たち、祭司長たち、律法学者たちから多くの苦しみを受け、殺され、三日目によみがえらなければならないことを、弟子たちに示し始められた」(同一六・二一)。そのことは、マルコの福音書八章三一節、ルカの福音書九章二二節、二四章七節に並行記事があります。これらはすべて「三日目に」とあります。

さらに、主イエスは公生涯の最初の働きとして、カナの婚礼の席で水をぶどう酒に変えて、ご自分の栄光を表した時に語られました。

「イエスは彼らに答えられた。『この神殿を壊してみなさい。わたしは、三日でそれをよみがえらせる。』そこで、ユダヤ人たちは言った。『この神殿は建てるのに四十六年かかった。あなたはそれを三日でよみがえらせるのか。』しかし、イエスはご自分のからだという神殿について語られたのであった。それで、イエスが死人の中からよみがえられたとき、弟子たちは、イエスがこのように言われたことを思い起こして、聖書とイエスが言われたことばを信じた。」

(ヨハネ二・一九〜二二)

これに関する福音書の記事は以下にあります(マタイ二六・六一、二七・四〇、マルコ一四・五八、一五・二九)。復活された主イエスが、エマオ村に向かう二人の主の弟子と道ずれになり、宿屋で食事をする時に語られた言葉が、記録されています。

「それからイエスは、聖書を悟らせるために彼らの心を開いて、こう言われた。『次のように書いてあります。「キリストは苦しみを受け、三日目に死人の中からよみがえり、その名によって、罪の赦しを得させる悔い改めが、あらゆる国の人々に宣べ伝えられる。」』」

（ルカ二四・四五〜四七）

以上のように、「三日目」は、主イエスが約束した三日目です。

それは、「聖書に書いてあるとおりに、三日目によみがえられたこと」（Ⅰコリント一五・四）です。この三、四節にある「聖書」とは、旧約聖書のことです。

「さあ、主に立ち返ろう。主は私たちを引き裂いたが、また、癒やし、私たちを打ったが、包んでくださるからだ。主は二日の後に私たちを生き返らせ、三日目に立ち上がらせてくださる。私たちは御前に生きる」（ホセア六・一〜二）。この箇所を、主イエスが念頭に置いて語られたという確証はないのですが、一つの関連性を持たせるポイントであることは、古代キリスト教の教父テルトゥリアヌスの解釈が参考になっています。

「三日目」が表すいくつかの意味

主イエスの復活の時期

キリストの復活は、その死後第三日目に起こりました。第一日目でも、第二日目でもなかったのです。主イエスの死後、すぐに復活されたのではありません。前回「陰府に下り」で学んだように、しばらくの間、死の中にいました。主イエスは、人生の終わりに迎える死の苦しみを本当に受け入れたのです。こうして、私たちの罪による罰を完全に担われました。

主イエスの死後二日目は旧約の安息日

主イエスが十字架刑を受けた金曜日の夕方から、安息日に入りました。死後二日目はイスラエルの安息日でした。そのとき、墓に横たわっていたということは、安息日の休息に当たるのでしょうか。聖なる神と罪人の和解のために、神の御子イエスがまことの犠牲をささげた瞬間、神殿の隔ての垂れ幕が上から下まで裂けたということがありました。「イエスは再び大声で叫んで霊を渡された。すると見よ、神殿の幕が上から下まで真っ二つに裂けた」（マタイ二七・五〇～五一）。主イエスは、イスラエルのメシアです。しかし、主はその壁を取り除き、全人類の救い主となられました。主イエスにおいて、アブラハム以来の、旧約聖書のすべての約束が成就されました。新約聖書、エペソ人への手紙二章は、そのことを告げています。

「あなたがたはかつて、肉においては異邦人でした。人の手で肉に施された、いわゆる『割礼』を持つ人々からは、無割礼の者と呼ばれ、そのころは、キリストから遠く離れ、イスラエルの民から除外され、約束の契約については他国人で、この世にあって望みもなく、神もない者たちでした。しかし、かつては遠く離れていたあなたがたも、今ではキリスト・イエスにあって、キリストの血によって近い者となりました。実に、キリストこそ私たちの平和です。キリストは私たち二つのものを一つにし、ご自分の肉において、隔ての壁である敵意を打ち壊し、さまざまな規定から成る戒めの律法を廃棄されました。こうしてキリストは、この二つをご自分において新しい一人の人に造り上げて平和を実現し、二つのものを一つのからだとして、十字架によって神と和解させ、敵意を十字架によって滅ぼされました。」

（エペソ二・一一～一六）

主イエスの死後「三日目」より、「主の日」が始まる

主イエスの死後「三日目」より、キリスト者は毎週、日曜日であるこの日を祝います。最初のユダヤ人キリスト者は、ただ単にユダヤ的な安息日に代わったという理由で新しい安息日とするのではありません。主の日はただ単に横たわって休息する日なのではなく、起き上がって主の家に行く日です。そして、私たちはイエス・キリストの共同体として、イスラエルの聖徒たちも、異邦人キリスト者も共同の相続人となり、キリストの喜ばしい復活を感謝して祝うのです。この奥義をエペソ人への手紙は喜ばしく伝えてくれます。

「この奥義は、前の時代には、今のように人の子らに知らされていませんでしたが、今は御霊によって、キリストの聖なる使徒たちと預言者たちに啓示されています。それは、福音により、キリスト・イエスにあって、異邦人も共同の相続人になり、ともに同じからだに連なって、ともに約束にあずかる者になるということです。」

（同三・五〜六）

むすび

キリスト者は、主イエスの死後「三日目」によみがえられた「主の日」を、キリストの平和の日として喜び祝い、復活された主に対して服従する新しい人生を歩き続けます。

この新しい人生は、日曜日をただ単に労働の緊張を解く日としたり、市民的なくつろぎの日、家族的な平穏の日としてのみ祝うのではありません。礼拝において、キリストのみことばと聖礼典から受けるキリストの御霊の力によって、一週間を貫いて、あらゆる場において、家族や職場で、また教会や社会で、日々仕えていくのです。それは、個人的生活と共同生活において証しされていくのです。「三日目」は、その新しい始まりの日です。

死人のうちよりよみがえられた主イエス

コリント人への手紙第一、一五章一二〜二二節

使徒信条は、初代教会において洗礼を受けて教会員になろうとする人々のために用いられてきました。洗礼式が行われてきたのは、主イエスの復活祭の朝早い時でした。現代の教会ではクリスマスの洗礼式が多いのですが、古代の教会は、まだクリスマスを祝っていない時がありました。キリストを信じることは、主イエスの復活のいのちにあずかることでしたから、復活祭が洗礼を受ける時とされていたのでしょう。今では、クリスマス、イースター礼拝の時に洗礼を受ける機会が一番多く持たれています。

洗礼を受ける時に、受洗者はあらためてこの使徒信条を告白します。この使徒信条を「アーメン」といって受け入れ、バプテスマを受けることは、使徒信条と主イエスの復活が深く結びついていることを表しているのです。

ある神学者は、復活の重要性を一つのたとえで表現しています。主イエスの十字架は贖いのも

とですが、復活がなければ絵に描いた餅です。十字架は債務の支払いの約束ですが、復活がなければ不渡り手形だというのです。復活こそ福音の裏書です。使徒信条の理解の鍵はキリストの復活にあるのです。主イエスの復活を信じなければ、使徒信条を告白したと言えません。

もしキリストがよみがえらなかったとしたら（一四節）

これまで述べてきたように、非常に大切な復活の福音は、同時に極めて信じがたいことでもあります。この世界が神の創造によるものであり、それゆえに神から離れた人間の罪の理解ができるようになり、キリストの十字架の贖いを納得できるようになっても、復活を信じることは越えがたい難関として立ちふさがってくるのです。

奇跡一般を信じることができても、復活を信じるにはまだまだ距離があります。しかし、復活を信じた人にとって奇跡は問題ではありません。キリストは何人かの死人を生き返らせました。そのうちのひとり、エルサレム近郊ベタニア村のラザロの復活を目にした人々ですら、キリストの復活は認めがたかったのです。作り話か、錯覚か、幻想か、そのたぐいのものとして受け取られました。弟子のトマスは「『私は、その手に釘の跡を見て、釘の跡に指を入れ、その脇腹に手を入れてみなければ、決して信じません』と言った」（ヨハネ二〇・二五）と記録されています。

ですから、使徒パウロは主イエスの復活に関するコリント人への手紙第一の中で強調しているのです。

「そして、キリストがよみがえらなかったとしたら、私たちの宣教は空しく、あなたがたの信仰も空しいものとなります。私たちは神についての偽証人ということにさえなります。なぜなら、かりに死者がよみがえらないとしたら、神はキリストをよみがえらせなかったはずなのに、私たちは神がキリストをよみがえらせたと言って、神に逆らう証言をしたことになるからです。もし死者がよみがえらないとしたら、キリストもよみがえらなかったでしょう。そして、もしキリストがよみがえらなかったとしたら、あなたがたの信仰は空しく、あなたがたは今もなお自分の罪の中にいます。そうだとしたら、キリストにあって眠った者たちは、滅んでしまったことになります。もし私たちが、この地上のいのちにおいてのみ、キリストに望みを抱いているのなら、私たちはすべての人の中で一番哀れな者です。」

（一五・一四～一九）

その哀れな人の中で最も哀れな人は、私たち牧師だということです。他人ごとではありません。

キリストは眠った者の初穂（二〇節）

主イエスのよみがえりは、ラザロたちのよみがえりと全く別のものです。生き返ったラザロたちはまたもや死に襲われ、やがて実際に死んでいます。しかし、復活した主イエスは永遠に生きているのです。ラザロは、死すべき人間として生き返りました。しかし、主イエスは永遠のいのちを持つ栄光の姿によみがえりました。そこに、永遠のいのちの約束の根拠があります。まさに「初穂」です。

信仰によって主イエスと一つとされたことによって、私たちにも永遠のいのちが与えられるのです。主イエスを信じることは、主イエスに全く信託することです。信仰は、主イエスと婚姻によって結ばれることであり、主イエスと一つになることです。イエスを主と信じる告白は、死人のうちからよみがえりを信じることの表明です。「しかし、今やキリストは、眠った者の初穂として死者の中からよみがえられました。死が一人の人を通して来たのですから、死者の復活も一人の人を通して来るのです。アダムにあってすべての人が死んでいるように、キリストにあってすべての人が生かされるのです」（同二〇～二二節）。

この二二節にあるように、アダム以後の人間はすべて死んでいるのです。キリストによる救いとは、死からの解放であり、死人の内からのよみがえりです。それは、死人の内からよみがえった主イエスの永遠のいのちにあずかることです。

ですから、ピリピ人への手紙三章二〇節にあるように、主イエスを信じる人の国籍は天にあります。私は、高齢者の集いの中で主イエスを信じた人々に、「あなたは、天国行きの切符をもらったのですよ」と言い続けてきました。「切符を落としても天国に入れてもらえますから安心してください」とも言いました。「ボケてしもうても天国に行けるんか？」との問いに答えて、「ボケてしまっても大丈夫ですよ。切符を下さった方は、だれに切符を上げたか覚えておられますから」とも言いました。その後、施設に移られたその方に、久しぶりに会ったとき、「天国行きの切符落としていませんか」と尋ねると、すぐに言い返されました。「落とすもんか。もっとる、もっとる。もっとるで！」

やがて、その方々とも天国で会えることを楽しみにしています。私は、今やその方と同じくらい年齢を重ねているので、当時よりはるかに実感があります。

復活と十字架の死

キリスト教信仰は、復活に根拠があることはご理解いただけたと思います。しかし、その復活は、それに先立って十字架にかけられた方の復活であったことは、先に話したとおりです。十字架あっての復活であり、復活あっての十字架の救いです。

神の御子の死は、偉大な英雄、あるいは殉教者の死ではありません。神に背き神の裁きを受けるべき、罪びとの罪を身代わりに担う、神の子羊の死でありました。使徒パウロは、ローマ人への手紙で言います。「主イエスは、私たちの背きの罪のゆえに死に渡され、私たちが義と認められるために、よみがえられました」(ローマ四・二五)。これは、十字架の死は、私たちの罪を贖う犠牲であり、救済であったという宣言です。つまり、十字架と復活が合わさって福音の中心となりました。ですからパウロは、ローマ人への手紙で十字架と復活の信仰告白が、救いの条件であると言います。「なぜなら、もしあなたの口でイエスを主と告白し、あなたの心で神はイエスを死者の中からよみがえらせたと信じるなら、あなたは救われるからです」(同一〇・九)。

それでは、主イエスはご自分の力によって死から復活されたのでしょうか。聖書にはご自分の力と、御父による復活であったという、両方の表現がされています。ご自分の力という表現は、「聖なる霊によれば、死者の中からの復活により、力ある神の子として公に示された方、私たちの主イエス・キリストです」(同一・四)。御父によって復活されたという箇所は、使徒パウロでありますが(同四・二二)、使徒ペテロによります。「あなたがたは、キリストを死者の中からよみがえらせて栄光を与えられた神を、キリストによって信じる者です。ですから、あなたがたの信仰と希望は神にかかっています」（Ⅰペテロ一・二一）。
主イエスが生ける神の子であるという、かつてのペテロの告白（マタイ一六・一六）にあるように、主イエスが自らの力による復活と、御父によって復活させられたことは、両方の表現が正しいのです。

死を滅ぼす復活の力

主イエスの復活は死の力を打ち破ります。「最後の敵として滅ぼされるのは、死です」（Ⅰコリント一五・二六）とあるのですが、スペイン・バスク民謡の復活讃美の歌にもそのことが歌われています。

「いざ歌え、高らかに　喜びの　ほめ歌を、
あたらしき代を告ぐる　主のよみがえりを。
死の力　打ち破り、とこしえに勝ちたもう、
もろびとよ、喜べや　主のよみがえりを。」

（『教会福音讃美歌』一四三番「いざ歌え高らかに」）

多くのみことばが、最後の敵である死について言及しています。「今、私たちの救い主キリスト・イエスの現れによって明らかにされました。キリストは死を滅ぼし、福音によっていのちと不滅を明らかに示されたのです」（Ⅱテモテ一・一〇）。ヘブル人への手紙二章一四～一五節には「そういうわけで、子たちがみな血と肉を持っているので、イエスもまた同じように、それらのものをお持ちになりました。それは、死の力を持つ者、すなわち、悪魔をご自分の死によって滅ぼし、死の恐怖によって一生涯奴隷としてつながれていた人々を解放するためでした」とあります。

これらのみことばにある不滅のいのちとは何でしょうか。それは、とこしえの神との曇りのない全き交わりの中にあるいのちと言えるでしょう。罪や負債、苦痛や痛み、死や永遠の罰を味わうことのないいのちです。永遠の神の国で、神とともに生きる幸いないのちです。それは、この世に生きる私たちの理解をはるかに超えている、想像を絶する事柄です。しかし、それにもかかわらず不滅のいのちについて歌い、語り、宣べ伝えるのです。それは、復活の望みに満ちた人生です。復活の主イエスに救われた人生は、死の絶望の淵から希望と目標に満ちた人生に生まれ変わったのです。使徒ペテロの確信に満ちた言葉を聞きましょう。

「私たちの主イエス・キリストの父である神がほめたたえられますように。神は、ご自分の大きなあわれみのゆえに、イエス・キリストが死者の中からよみがえられたことによって、私たちを新しく生まれさせ、生ける望みを持たせてくださいました。また、朽ちることも、汚れることも、消えて行くこともない資産を受け継ぐようにしてくださいました。これらは、あなたがたのために天に蓄えられています。」（Ｉペテロ一・三～四）

主イエスに救われた私たちの地上の生活は、いまだ未完成であり、不十分な生活であっても、復活の光の下で生きる喜びに満ちた人生です。この人生は、生ける神によって、主イエスと隣人たちとこの世に対する奉仕のために、日々主に似たものに変えられていくのです。それが、キリスト教用語の「栄化」の約束を待ち望む主の民の歩み、すなわち「聖化」の恵みです。ペテロは同じ手紙の一章一三～一五節で、勧めています。「ですから、あなたがたは心を引き締め、身を慎み、イエス・キリストが現れるときに与えられる恵みを、ひたすら待ち望みなさい。従順な子どもとなり、以前、無知であったときの欲望に従わず、むしろ、あなたがたを召された聖なる方に倣い、あなたがた自身、生活のすべてにおいて聖なる者となりなさい。」

むすび

使徒ペテロは、信仰と希望は神にあると述べています。私たちにではなく、神にかかっているというのです。「あなたがたは、キリストを死者の中からよみがえらせて栄光を与えられた神を、キリストによって信じる者です。ですから、あなたがたの信仰と希望は神にかかっています」(同二一節)。

主イエスは十字架の前夜、「わたしの父の家には住む所がたくさんあります。そうでなかったら、あなたがたのために場所を用意しに行く、と言ったでしょうか。わたしが行って、あなたがたに場所を用意したら、また来て、あなたがたをわたしのもとに迎えます。わたしがいるところに、あなたがたもいるようにするためです」(ヨハネ一四・二～三)と言われました。そのとき、私たちは新しい、御霊に属する栄光のからだを持つのです。「血肉のからだで蒔かれ、御霊に属するからだによみがえらされるのです。血肉のからだがあるのですから、御霊のからだもあるのです」(Ⅰコリント一五・四四)。私たちは肉体の復活を待ち望むのです。ギリシア神話の霊魂復活と聖書の復活は違うのです。

私たちは、ここで使徒パウロと共に同じ告白をささげたいと思います。

「私にとって生きることはキリスト、死ぬことは益です。しかし、肉体において生きることが続くなら、私の働きが実を結ぶことになるので、どちらを選んだらよいか、私には分かりません。私は、その二つのことの間で板ばさみとなっています。私の願いは、世を去ってキリストとともにいることです。そのほうが、はるかに望ましいのです。」

（ピリピ一・二一～二三）

天にのぼり、神の右に座しておられる主

ルカの福音書二四章五〇～五三節
使徒の働き一章九～一一節

使徒信条は、主イエスの十字架の死と復活に続き、「天にのぼられた」と告白しています。復活の後、四十日の間に、十二使徒や五百人以上もの弟子たちの前に現れてから、天に昇られたという記録が新約聖書の次の箇所にあります（使徒一・三、九～一一、Ｉコリント一五・五～七）。ここでは、復活後のことから学び始めましょう。

天に上げられた後の主イエス

先ほど引用した使徒の働き一章三節に目を留めましょう。「イエスは苦しみを受けた後、数多くの確かな証拠をもって、ご自分が生きていることを使徒たちに示された。四十日にわたって彼

らに現れ、神の国のことを語られた。」これは、かつてキリスト教会の迫害者であったパウロが、イエスの復活の証人とされ、ユダヤ人以外の異邦人への福音の使徒として召され、その宣教の働きの実として救われた医者ルカが記録した二つ目の記録文書です。一つ目の記録は「ルカの福音書」であり、続く第二巻として書かれたのがこの「使徒の働き」です。

第一巻に当たるルカの福音書については、「天に上げられた日までのことでした」(使徒一・二)と述べて、第二巻を語り始めます。その一章三節で、主イエスが四十日の間弟子たちに何度も現れたことと、神の国のことを語られたこと、さらに一章九節で天に上げられたことを述べ、そこから教会の物語が始まったと書き始めています。

つまり、三日目に死人の中からよみがえられたイエスは、そのまま地上に留まられたわけではなく、しかも、そのまますぐに天に昇られたわけでもないと伝えています。この間の記録を使徒パウロは詳しく述べています。

「また、ケファに現れ、それから十二弟子に現れたことです。その後、キリストは五百人以上の兄弟たちに同時に現れました。その中にはすでに眠った人も何人かいますが、大多数は今なお生き残っています。その後、キリストはヤコブに現れ、それからすべての使徒たちに現れました。そして最後に、月足らずで生まれた者のような私にも現れてくださいました。

私は使徒の中では最も小さい者であり、神の教会を迫害したのですから、使徒と呼ばれるに値しない者です。」
（Ｉコリント一五・五〜九）

使徒ペテロも、地中海沿岸の町ヤッファで、復活の主が現れたことを思い出深く語っています。「神はこの方を三日目によみがえらせ、現れさせてくださいました。民全体にではなく、神によって前もって選ばれた証人である私たちに現れたのです。私たちは、イエスが死者の中からよみがえられた後、一緒に食べたり飲んだりしました」（使徒一〇・四〇〜四一）。

「天」について

私は拙著、『私なりの「主の祈り」』の中で、「天にいます私たちの父よ」（マタイ六・九）という祈りについて説明しています。聖書における天は、天上の宇宙空間というよりは、異なった次元に存在する、聖なる神の支配される聖なるところを意味しているのです。使徒一章九節にある、「こう言ってから、イエスは使徒たちが見ている間に上げられた。そして雲がイエスを包み、彼らの目には見えなくなった」という記述にあるように、弟子たちは主イエスが、空に向かって登って行かれるのを見たのでしょう。しかし、それは、「天」が天体のどこかにあるということを意味しているのではないのです。雲の高さはたかが知れています。ですから、イエスを包んだ雲は神の栄光の雲ではないでしょうか。

出エジプト記の中で、神の会見の天幕の状況が描かれています。「そのとき、雲が会見の天幕をおおい、主の栄光が幕屋に満ちた。モーセは会見の天幕に入ることができなかった。雲がその上にとどまり、主の栄光が幕屋に満ちていたからである」（出エジプト四〇・三四〜三五）。新約時代、主イエスは、変貌の山で雲に包まれています（マタイ一七・五、マルコ九・七）。また、再臨の時には雲に乗って来るとされています（マルコ一三・二六、使徒一・一一）。神の栄光のうちに主は見えなくなったのであり、神の栄光の中に上げられたのです。「天」は神の世界です。

驚くべき恵みですが、今や私たちはキリストとともに天上に移されています。「神はまた、キリスト・イエスにあって、私たちをともによみがえらせ、ともに天上に座らせてくださいました」（エペソ二・六）。キリストの昇天は、イエスを主と告白するキリスト者の生活を整えるうえで大きな役割を持っています。それは、使徒パウロがコロサイの町の教会に書き送った手紙に表現しているとおりです。「こういうわけで、あなたがたはキリストとともによみがえらされたのなら、上にあるものを求めなさい。そこでは、キリストが神の右の座に着いておられます。上にあるものを思いなさい。地にあるものを思ってはなりません。あなたがたはすでに死んでいて、あなたがたのいのちは、キリストとともに神のうちに隠されているのです」（コロサイ三・一〜三）。

これこそ、キリスト者が、「上にあるもの」すなわち、天に昇られたキリストご自身と共に「天」に上げられていることを表しているのです。イエス・キリストにある人生は、すでに救われて神の子とされ、主にある聖化へと招かれています。その聖化の道はキリストの再臨によって完成されるのです。コロサイ人への手紙は、これらの一連の恵みを矢継ぎ早に語ります。「あなたがたのいのちであるキリストが現れると、そのときあなたがたも、キリストとともに栄光のうちに現れます。ですから、地にあるからだの部分、すなわち、淫らな行い、汚れ、情欲、悪い欲、そして貪欲を殺してしまいなさい。貪欲は偶像礼拝です」(同三・四～五)。

神の右に座しておられる主

復活し、高く上げられた主が神の右に座しておられるという信仰告白を、文字どおりの意味で受け止めます。その神は「全能の父なる神」であることは、本書の初めに何回かにわたって述べてきました。私たちは、古代のキリスト教徒とともにこの驚くべき主張を、掛け値なく信じ、告白する者です。「イエスは主である」という告白が、キリスト教信仰の基本であることは、本書の「イエスを『主』と呼ぶ信仰」の章においてすでに学びました。この主のためならば、人々は飢えた猛獣の前に身を投げ出すことができたのです。また、強制収容所の中で恐ろしい拷問に身をゆだね、イエスの肖像画を踏むことをいのちを懸けて拒んだのです。こうして、数知れない殉教者の流した血を種子として、主イエス・キリストの福音は全世界に蒔かれてきました。高挙されたキリストこそ絶対的な主であるという原始キリスト教の信仰告白は、かつても今も変わることなく、重大な意義を持っています。

「神の右に座し」という表現は、天が空間的な所でないのですから、「神の右」も空間的な位置でないことは明らかです。私たちの国日本では、「左右」の地位は左が上位とされていました。律令制の左大臣と右大臣が出典です。左近の桜・右近の橘も同じ位置づけです。この日本でも、「左右」という言葉は左が上位の時代のもので、「左遷」という言葉は右が上位の時代のものでしょう。時代によって左右の地位は変化するのです。

聖書では「神の右の座」は、詩篇一一〇篇一節に由来します。「主は　私の主に言われた。『あなたは　わたしの右の座に着いていなさい。わたしがあなたの敵を／あなたの足台とするまで。』」

新約聖書も一貫して主イエスが神の御座の右に座しておられることを告げています。ここで主イエスのことばを一つとり上げましょう。「イエスは彼に言われた。『あなたが言ったとおりです。しかし、わたしはあなたがたに言います。あなたがたは今から後に、人の子が力ある方の右の座に着き、そして天の雲とともに来るのを見ることになります』」（マタイ二六・六四）。他の事例は以下のように数多くあります（エペソ一・二〇、コロサイ三・一、ヘブル一・三、八・一、一〇・一

二、一二・二、Iペテロ三・二二）。

イエスが主であるという信仰は、イエスが絶対的な権威を持つ支配者である方という信仰の告白です。復活されたイエス・キリストはガリラヤの山で宣言されました。大宣教命令としてよく知られていることばです。「イエスは近づいて来て、彼らにこう言われた。『わたしには天においても地においても、すべての権威が与えられています』」（マタイ二八・一八）。

この時以来、キリストの支配は現実の出来事です。イエス・キリストは、王として最高権威の座に着座されました。先ほど紹介したみことばをここに引用します。「この大能の力を神はキリストのうちに働かせて、キリストを死者の中からよみがえらせ、天上でご自分の右の座に着かせて、すべての支配、権威、権力、主権の上に、また、今の世だけでなく、次に来る世においても、となえられるすべての名の上に置かれました」（エペソ一・二〇～二一）。

これを表す表現が、「高挙された」という言葉です。高挙された主が、天においてなされるもう一つの働きがあります。それが大祭司の務めです。「神の御座の右」という受肉前の権威の座に、返り咲かれた主イエス・キリストが、ご自身を信じるもののために永遠の大祭司として執り成しておられます。それを強調しているのがヘブル人への手紙です。「キリストは、すでに実現したすばらしい事柄の大祭司として来られ、人の手で造った物でない、すなわち、この被造世界の物でない、もっと偉大な、もっと完全な幕屋を通り、また、雄やぎと子牛の血によってではなく、ご自分の血によって、ただ一度だけ聖所に入り、永遠の贖いを成し遂げられました」（ヘブル九・一一～一二）。

こうして、罪あるものを赦し、きよめ、救う、予表としての旧約聖書の罪の贖いの儀式は完成されたのです。「キリストは、罪のために一つのいけにえを献げた後、永遠に神の右の座に着き、あとは、敵がご自分の足台とされるのを待っておられます。なぜなら、キリストは聖なるものとされる人々を、一つのささげ物によって永遠に完成されたからです」（同一〇・一二～一四）。

このことは、主イエスを信じる者にとって限りない希望です。偉大な大祭司の約束を信じて、日々に、常に神に近づくことができるのです。「約束してくださった方は真実な方ですから、私たちは動揺しないで、しっかりと希望を告白し続けようではありませんか。また、愛と善行を促すために、互いに注意を払おうではありませんか。ある人たちの習慣に倣って自分たちの集まりをやめたりせず、むしろ励まし合いましょう。その日が近づいていることが分かっているのですから、ますます励もうではありませんか」（同二三～二五節）。

この信仰は、個人レベルに留まらず「私たち」の共有する希望の告白であり、「互いに」励まし合う信仰共同体としての在り方です。そして、キリストのからだとして、集まりを続けるのです。コロナウイルス感染症のパンデミックの恐れの中にあってもです。

むすび

キリストは、ご自身を信じる者たちの共同体である教会の主です。しかし、王的支配権を持っておられ、この世界全体を統治しておられます。その権威は天にも地にも及ぶ大いなる力です。それは、単なる力ではなく、神は愛でもあります。「しかし、私たちがまだ罪人であったとき、キリストが私たちのために死なれたことによって、神は私たちに対するご自分の愛を明らかにしておられます」（ローマ五・八）。その神の愛は、キリストの愛でもあります。

「だれが、私たちを罪ありとするのですか。死んでくださった方、いや、よみがえられた方であるキリスト・イエスが、神の右の座に着き、しかも私たちのために、とりなしていてくださるのです。だれが、私たちをキリストの愛から引き離すのですか。苦難ですか、苦悩ですか、迫害ですか、飢えですか、裸ですか、危険ですか、剣ですか。」

（同八・三四～三五）

そのキリストの愛は、私たちを「圧倒的な勝利者」とするのです。人類の歴史を信仰の目をもって観察するならば、神の摂理の御手を見ることができるでしょう。そして、世界史の中で不条理に見える出来事も、やがて王なる主の再臨によって決着がつけられるのです。過去の歴史に留まらず、現在の不安定な国際情勢の結末も、主の御手に治められる日が必ず訪れることでしょう。そして、使徒信条が告白する決定的なことを次に述べて、今回のテーマを終わりたいと思います。

それは、十字架にかけられ、死んで葬られ、復活し、高挙されたキリストが昇天以来、この世界をすでに支配しておられるということです。その支配は、キリストの支配であって、悪魔の支配ではありません。今日、なお世界中のあらゆる狂気と、あらゆる暗闇が覆っているにもかかわらずです。「天にのぼり、全能の父なる神の右に座したもう」お方が治めておられます。この信仰を二一世紀に生きる私たちも告白し続けるのです。しかし、その信仰は主の昇天に続く、主の再臨に深くかかわっています。次回はその再臨に関する使徒信条を学びます。

最後に、もう一度使徒の働きの約束を味わって終わります。

「ガリラヤの人たち、どうして天を見上げて立っているのですか。あなたがたを離れて天に上げられたこのイエスは、天に上って行くのをあなたがたが見たのと同じ有様で、またおいでになります。」

（使徒一・一一）

かしこより来りたもう裁き主

ルカの福音書二一章二六〜二八節
ローマ人への手紙八章一八〜二四節

使徒信条で、「天にのぼり、全能の父なる神の右に座した」もう方が、「かしこより来りて、生ける者と死にたる者とを審《さば》きたわまん」とあるように、再び来られることを前章のむすびで予告しました。主イエスの昇天と再臨は一つに結びついているのです。ここでは、その再臨に焦点を当てましょう。

世界の終末

主イエスは、「この世界に起ころうとしていることを予測して」おられました。つまり、この世界に終わりが来ることを予測して、人々が恐ろしさのあまり気絶すると予告されたのです。一般的な人類の歴史観に、「円環史観」と「直線史観」があります。円環史観は、日本の文化によく馴染んでいます。春夏秋冬という四季の変化に富んだ日本の自然風土によく合う考え方です。それは仏教の「輪廻転生」の考え方です。東京の山手線や大阪の環状線のように、歴史には、始点もなければ終点もないという考えです。そしてその終末観は、地球環境汚染、地球規模的災害、温暖化現象、食料不安、感染症危機、加えて政治・経済・国際紛争その他多岐にわたる現象による滅亡の恐れから来るものです。

それに対して、キリスト教の歴史観は、歴史を直線と見ます。新約聖書の終わりのヨハネの黙示録の最終章、二二章一二〜一三節で、イエス・キリストの宣言があります。「見よ、わたしはすぐに来る。それぞれの行いに応じて報いるために、わたしは報いを携えて来る。わたしはアルファであり、オメガである。最初であり、最後である。初めであり、終わりである。」

使徒信条は、歴史の始めとして「天地の造り主」を告白し、終わりには「再臨」があると言います。主イエスは、地上の最終段階を迎えた時に、多くの言葉とたとえを用いて「世の終わりの時のしるし」について教えられました（マタイ二四〜二五章参照）。そして、十字架前夜、大祭司カヤパのもと、ユダヤの最高法院・サンヘドリンの法廷で、いのちを賭して宣言されました。「わたしはあなたがたに言います。あなたがたは今から後に、人の子が力ある方の右の座に着き、そして天の雲とともに来るのを見ることになります」（マタイ二六・六四）。

主イエスの再臨の希望と慰め

「かしこより来りたもう」という使徒信条の告白は、先ほどの主イエスの約束でもあります。全能の神の、天地創造も、人類の堕落も、イエス・キリストによる十字架の贖いも、復活も、昇天も信じられない段階の人に、主イエスの再臨を信ぜよというのは無理な話です。しかし、今の日本のクリスチャンで、主イエスの再臨を本当に信じている人がどれほどいるでしょうか。大いに探られることではないでしょうか。主イエスの福音は、これらすべてをワンセットとして、ダイナミックな展開をそのまま信じて受け取ることにあります。

終末的な危機意識をあおるメディアの報道のほとんどは、破滅や悲惨をイメージさせます。しかし聖書の語る再臨は、世界の破滅と患難の後に迎える、「希望」であり「慰め」です。イエス・キリストの救いにあずかった者は、世界の終わりと、それに伴う終末の出来事を希望の実現の時、苦難から解放する慰めの時として待ち望むのです。冒頭の主イエスのみことば、「これらのことが起こり始めたら、身を起こし、頭を上げなさい」との約束にあるように、天の喜びと栄光の中へと迎えいただくということを伝えています（ローマ八・二二参照）。

再臨の時までは「被造物のすべては、今に至るまで、ともにうめき、ともに産みの苦しみをしています。それだけでなく、御霊の初穂をいただいている私たち自身も、子にしていただくこと、すなわち、私たちのからだが贖われることを待ち望みながら、心の中でうめいています」(ローマ八・二二〜二三)。うめきながら、望みを抱き続けているのです。

私たちの地上の歩みは試練の連続であり、地上の主の民も艱難や苦しみから完全に逃れることはできません。その苦しみの道を辿りつつ、不信仰と絶望に打ちひしがれることなく、天を仰いで頭を上げて、やがて来られる主イエスを待ち望んで生きることができる幸いがあります。主イエスの再臨がもたらす希望と慰めは、確かにあるのです。

ローマ人への手紙八章二四〜二五節はこの段落を次の言葉で結びます。「私たちは、この望みとともに救われたのです。目に見える望みは望みではありません。目で見ているものを、だれが望むでしょうか。私たちはまだ見ていないものを望んでいるのですから、忍耐して待ち望みます。」

使徒パウロは、その苦難と栄光をコリントの教会に次のように伝えています。「ですから、私たちは落胆しません。たとえ私たちの外なる人は衰えても、内なる人は日々新たにされています。私たちの一時の軽い苦難は、それとは比べものにならないほど重い永遠の栄光を、私たちにもたらすのです」(Ⅱコリント四・一六〜一七)。パウロ自身、病弱な肉体の弱さを覚えながら、続く告白をしています。それこそ、私たちの倣うべき信仰の歩みです。「たとえ私たちの地上の住まいである幕屋が壊れても、私たちには天に、神が下さる建物、人の手によらない永遠の住まいがあることを、私たちは知っています。私たちはこの幕屋にあってうめき、天から与えられる住まいを着たいと切望しています」(同五・一〜二)。

裁き主イエスの再臨

キリストの再臨の目的は、「生ける者と死にたる者とを審き」たもうことであると、使徒信条は断じています。前章で、再臨の希望と慰めについて述べました。しかし、それは「最後の審判」を軽んじることではありません。それは、実に「厳かな」出来事です。

使徒パウロの絶筆、しかもその結末であるテモテへの手紙第二、四章一節にあるとおりです。「神の御前で、また、生きている人と死んだ人をさばかれるキリスト・イエスの御前で、その現れとその御国を思いながら、私は厳かに命じます。」

このみことばによって、私は伝道者としての神の召しを示されたのです。自分の至らなさ、不十分さ、愚かさ、あらゆる面で神のしもべとしての無資格性に打ちのめされていた私でした。一方で、福音宣教の使命に心燃やされつつ、もう一方で、怖れ悩み、献身をためらう日々の中で、このみことばの迫りを受けたのです。「最後の審判」という人生最大の重大事を前に立ちすくむ私への追い打ちが、続く二節でした。「みことばを宣べ伝えなさい。時が良くても悪くてもしっかりやりなさい。忍耐の限りを尽くし、絶えず教えながら、責め、戒め、また勧めなさい。」みことばの権威の前で、万事休すでした。足りないままで、主の命令にお従いするほかなかったのです。主の裁きに勝る以上の厳粛なことはほかにありません。キリストの再臨の目的は、サタンに対する勝利、救いの完成、世界の統治などもあります。使徒信条は、それらをすべてまとめて「さばき」でまとめています。

神の裁きは、世界の統治者であり、歴史の主である神によって、聖書に記されているように、個人と、民族と、世界に働き、その時代の中で裁きが行われてきました。神は決して「沈黙の神」ではありません。これらの裁きは、悔い改めや回心をうながし、試練や教育として人々に誤りを教え、正しい方向に導くためであったりするのです。

使徒パウロは、愛弟子テトスにキリストの初臨と再臨を同時に教えています。初臨は「神の恵み」と言い、再臨は「栄光ある現れ」と述べているのです。「実に、すべての人に救いをもたらす神の恵みが現れたのです。その恵みは、私たちが不敬虔とこの世の欲を捨て、今の世にあって、慎み深く、正しく、敬虔に生活し、祝福に満ちた望み、すなわち、大いなる神であり私たちの救い主であるイエス・キリストの、栄光ある現れを待ち望むように教えています」(テトス二・一一〜一三)。

再臨は、「祝福に満ちた望み」だというのです。聖書は、再臨においてすべての状況にある人々が、主イエスの裁きに喜んで従い、その裁断をほめたたえるというのです。「神は、この方を高く上げて、すべての名にまさる名を与えられました。それは、イエスの名によって、天にあるもの、地にあるもの、地の下にあるもののすべてが膝をかがめ、すべての舌が『イエス・キリストは主です』と告白して、父なる神に栄光を帰するためです」(ピリピ二・九～一一)。

主の審判の多様性

使徒の働き一〇章四二節
テモテへの手紙第二、四章一、二節

再臨されたキリストの裁きは多様な側面があります。主の審判には多様性があるのです。本章でそれを述べます。使徒信条の「生ける者と死にたる者とを審きたまわん」の解説です。

キリストのさばきの座

しかしながら、聖書は、最終的で絶対的な裁きがあることを告げています。最後の審判について、二つのステージがあります。第一のステージは、クリスチャンをはじめ、神の救いにあずかった人々に対する裁きです。その裁きは、「キリストのさばきの座」という名称です。「私たちはみな、善であれ悪であれ、それぞれ肉体においてした行いに応じて報いを受けるために、キリストのさばきの座の前に現れなければならないのです」（Ⅱコリント五・一〇）。

主イエスはあらかじめ予告しています。「人の子は、やがて父の栄光を帯びて御使いたちとともに来ます。そしてそのときには、それぞれその行いに応じて報います」（マタイ一六・二七）。なぜなら「さばきが神の家から始まる時が来ているからです」（Ⅰペテロ四・一七）と、使徒ペテロも伝えているからです。

「神のさばきの座」についてローマ人への手紙一四章一〇節に同じ言葉が用いられています。「それなのに、あなたはどうして、自分の兄弟をさばくのですか。どうして、自分の兄弟を見下すのですか。私たちはみな、神のさばきの座に立つことになるのです。」ここで「さばきの座」に用いられている語彙は「べーマ」であって、信者の審判に関連して用いられているのです。この審判は後に取り上げるヨハネの黙示録二〇章一一～一五節の「大きな白い御座」の審判でないことは明らかです。

主イエスを信じる者は、信仰によって「義」とされており、最後の滅びに定められることはありません。ただし、神から与えられたタラントをどのように用いたか、神の教えを忠実に実行したか、などが問われるのです。その結果、新天新地で「見よ、わたしはすぐに来る。それぞれの行いに応じて報いるために、わたしは報いを携えて来る」（黙示二二・一二）ということです。しかし、使徒パウロは報いよりも主に喜ばれることを願っています。「そういうわけで、肉体を住まいとしていても、肉体を離れていても、私たちが心から願うのは、主に喜ばれることです（Ⅱコリント五・九）。

よみの死者たちの裁き

最後の審判の第二ステージは、よみの死者たちの裁きです。旧約聖書は、人は死後よみに行くと告げています。よみは、ヘブル語の「シェオル」という言葉です。旧約時代の人々は神を信じる聖徒も義人も、さらに悪人までもが死後に行く場がよみでした。このことは、「死にて葬られ陰府に下り」の項で学んだとおりです。旧約の聖徒たちはよみに下りました。「たとえ　私が天に上っても／そこにあなたはおられ／私がよみに床を設けても／そこにあなたはおられます」（詩一三九・八）。しかし、今は「よみ」にはいません。彼らはキリストの昇天の際に、天の主のみもとに連れて行かれています。

「キリストも一度、罪のために苦しみを受けられました。正しい方が正しくない者たちの身代わりになられたのです。それは、肉においては死に渡され、霊においては生かされて、あなたがたを神に導くためでした。その霊においてキリストは、捕らわれている霊たちのと

ころに行って宣言されました。」　　（Ⅰペテロ三・一八～一九）

このテキストは解釈の分かれるところではあるのですが、現在は多くの有力な牧師、世界的に著名な神学者の多くが、キリストのよみにおける福音宣教であると解釈しています。その意味で、解釈の分かれるところではあるのですが、エペソ人への手紙四章八、九節を引用します。「そのため、こう言われています。『彼はいと高き所に上ったとき、捕虜を連れて行き、人々に贈り物を与えられた。』『上った』ということは、彼が低い所、つまり地上に降られたということでなくて何でしょうか。」

そのほか、聖書は死後の世界でのさばきについて述べています。「キリストが死んでよみがえられたのは、死んだ人にも生きている人にも、主となるためです」（ローマ一四・九）。この箇所では、神の「義」のご性質は、よみの死者に対しても地上の生者に対しても、変わりなく発揮されるというのです。聖書はパウロの最後の手紙で「神の御前で、また、生きている人と死んだ人をさばかれるキリスト・イエスの御前で、その現れとその御国を思いながら、私は厳かに命じます」（Ⅱテモテ四・一）。私はこのみことばで伝道者となるべき神の迫りを受けたのです。ここでの「さばき」とは、単に罰することではなく、「罰すべきものを罰し、赦すべきものを赦す」ことです。私はよみでの救いの可能性をみことばで示しています。しかし私は、あえて「セカンドチャンス」という教理的な呼び方をしていません。それは、神学論争の課題にすべきではないと考えるからです。

では、最後の審判のとき、よみにいるのはだれでしょう。それは、旧約時代の神を信じなかったイスラエルの民と、すべての異邦人たちです。さらに、新約時代のイエス・キリストの福音を聞かなかった人、聞いて信じなかった人々です。よみは地獄ではありません。地獄という言葉は、新約聖書でゲヘナというギリシア語で表されています。これに対してよみは前に述べたように、一貫してハデスという言葉です。世の終わりの最後の審判が開かれるとき、よみとその中にいる人々はどのようになるのでしょう。ハデスが地獄と同じことであるならおかしなことです。

ここで、主イエスのラザロと金持ちの話を取り上げます。ルカの福音書一六章の有名な話です。ハデスにいるアブラハムも登場します。そこは、地獄《ゲヘナ》ではありません。主イエスの十字架と復活以前の時ですから、旧約時代の場面です。陰府《ハデス》（よみ）の中にいくつかの場所があることがわかります。今、よみにいるさまざまな人々の世界は一様ではないのでしょう。少なくとも、慰めの場所と炎の中で苦しむ場所があるのです。ここで、すべての人は、死後ただちに天国と地獄に分かれていくという教えは、聖書的ではないということを確認しておきましょう。それは、中世の非聖書的なキリスト教信仰の持っていた大きな誤解です。私たちは、死後の世界における神の裁きの公正さと、ひとり子イエス・キリストを下さった愛なる神の愛に、最後の審判をゆだねることができるのです。これは、日本宣教の大きな突破口になる聖書の教えです。

しかしながら、「もしあなたの口でイエスを主と告白し、あなたの心で神はイエスを死者の中からよみがえらせたと信じるなら、あなたは救われるからです」（ローマ一〇・九）にあるように、よみの死んだ人々も救われるのは、信仰義認の原則においてであることを確認しておきます。その確認は、神ご自身がなさるのです。

それ以上に申しあげたいことは、死後の救いを強調するよりも、生きている間に主イエスに対する信仰の告白をすることの重要性と、救いの確実性です。死後、ただちに主のみもとに招かれるためには、地上でイエスを主と告白する者に限られているからです。よみでの救いを奨めるよりも、福音宣教を励み、福音宣教の使命に徹することが何よりも優先されるべきです。死後はよみへ行くより、天国に直行したほうがはるかにいいからとお伝えしたいものです。

もう一度主の約束を確認しましょう。「イエスは彼に言われた。『わたしが道であり、真理であり、いのちなのです。わたしを通してでなければ、だれも父のみもとに行くことはできません』」（ヨハネ一四・六）。

大きな白い御座の裁き

ここで、いよいよ最後の審判について学びましょう。それは、ヨハネの黙示録二〇章一一～一二節にあります。

「また私は、大きな白い御座と、そこに着いておられる方を見た。地と天はその御前から逃げ去り、跡形もなくなった。また私は、死んだ人々が大きい者も小さい者も御座の前に立っているのを見た。数々の書物が開かれた。書物がもう一つ開かれたが、それはいのちの書であった。死んだ者たちは、これらの書物に書かれていることにしたがい、自分の行いに応じてさばかれた。」

このみことばのように、最後の審判は、最終的で、絶対的な裁きです。時期的に最期であり、厳しさにおいても最高です。その裁きの前に、弁解や反論の余地は全くありません。

しかも神の法廷では何一つ誤審はないのです。最後の審判によって、よみにいる人々は死後、天国か地獄か行き先が定められます。永遠の神の御国か第二の死のどちらかに確定します。ですから厳粛な審判です。ここで、一四節の言葉は、「死とよみは火の池に投げ込まれた」と言いますから、ハデスはゲヘナ（地獄・火の池）と別の場所であることがわかります。最後の一五節は実に厳粛です。「いのちの書に記されていない者はみな、火の池に投げ込まれた。」

愛なる神がどうして地獄を造られたのでしょうか。それは、神に背くサタンと堕落した天使たちを懲らしめ、永遠に閉じ込めるためです。そこは火と硫黄の池で、「第二の死」と呼ばれていますヽ(黙示二一・八)。その裁きに遭うことを「滅び」というのです。主はこの厳粛な裁きについて、どのように思われるのでしょうか。

「主は、ある人たちが遅れていると思っているように、約束したことを遅らせているのではなく、あなたがたに対して忍耐しておられるのです。だれも滅びることがなく、すべての人が悔い改めに進むことを望んでおられるのです。」（Ⅱペテロ三・九）

むすび

最後の審判は、個人の救いだけではなく、人類の全歴史の総決算であり、聖にして、義なる全能の神による世界の最終的清算です。この裁きがなければ悪が栄えたままで、正義が失われたままで、歴史は閉じることになります。最後に神の正義が実現されるのです。

私たちは、主の祈りにおいて「御国が来ますように」と祈っているわりには、終末を恐れていないでしょうか。マルティン・ルターは「明日、再臨があればどうするか」との問いに、「私は、今日、リンゴの木を植える」と答えたと言われています。それは、たとえ、明日が世の終わりだとしても、いつもと変わらない生き方をする、という意味です。

それが、終末に望む私たちクリスチャンの姿ではないでしょうか。再臨に慌てふためくテサロニケの信者に、使徒パウロが命じたように日常生活に励みましょう。「私たちが命じたように、落ち着いた生活をし、自分の仕事に励み、自分の手で働くことを名誉としなさい」（Ⅰテサロニケ四・一一）。

イエス・キリストの再臨と裁きに期待しつつ、平常心で日々を過ごすのです。主イエスのことばを心して受け止めましょう。

「ですから、目を覚ましていなさい。あなたがたの主が来られるのがいつの日なのか、あなたがたは知らないのですから。」（マタイ二四・四二）

「『しかり、わたしはすぐに来る。』アーメン。主イエスよ、来てください。」（黙示二二・二〇）

我は聖霊を信ず　I

ヨハネの福音書一六章七〜一七節

ここから使徒信条の最終段階に入ります。はじめに述べたように、使徒信条は三つの項目から構成されています。第一項は、「父なる神」についてでした。第二項は、「子なる神キリスト」について語り、この第三項は、「聖霊なる神」についての告白です。以下は、使徒信条の第三項の内容です。

我は聖霊を信ず。聖なる公同の教会、聖徒の交わり、罪のゆるし、からだのよみがえり、とこしえの命を信ず。
アーメン。

使徒信条の三つの項目は、「我は信ず」という告白がされています。三つの項目で告白される、御父と御子と御霊（聖霊）は、それぞれが神であられるゆえに、「三位一体の神」と呼ぶほか言い表しようのないお方なのです。神は、父と子と聖霊の「三位一体」の存在です。使徒信条を学び始めた時に、「三位一体」について後で述べたいと言いました。この、第三項においてその時がきました。しかし、やはり、三位一体を説明することは非常に困難である、と言わざるを得ません。困難ではありますが、最も大切な真理ですから、楽しんで取り組んでいきましょう。

聖霊はどのような方か

聖霊はご人格である

聖霊はどういう方で、何をなさるのか、多くの人はわからないと言います。しかし、何よりも主イエスのことばを通して聖霊なる方を知ることができます。聖霊は人格があります。

「しかし、わたしは真実を言います。わたしが去って行くことは、あなたがたの益になるのです。去って行かなければ、あなたがたのところに助け主はおいでになりません。でも、行けば、わたしはあなたがたのところに助け主を遣わします。その方が来ると、罪について、義について、さばきについて、世の誤りを明らかになさいます。」　（ヨハネ一六・七～八）

この箇所は、十字架直前の弟子たちに対する主イエスの教えです。十字架刑により世を去った後のことを教えています。主イエスの昇天後、弟子たちを導く方が来られるのです。それは、「助け主」であり、「その方」と呼ばれています。聖霊は神としての人格を持っておられるのです。聖霊は力とか影響力とかエネルギーだから「それ」であって、「彼」ではないと考えて、そのように訳する聖書もあり、また私は関西聖書神学校で、聖霊を「聖霊様」「お方様」と呼ぶように学びました。特に小島伊助先生がそのことを強調しておられました。小島先生は、日本伝道隊の英国人宣教師、B・F・バックストン師の通訳者でもあった方です。

聖霊は人格があるので、同じ一六章一二節で「真理の御霊」とも呼ばれ、「あなたがたをすべての真理に導いてくださいます」。そもそも、「聖霊によるのでなければ、だれも『イエスは主です』ということはできません」（Iコリント一二・三）とすら言われています。

聖霊は霊的な賜物をクリスチャンにお与えになります。「御霊は、みこころのままに、一人ひとりそれぞれに賜物を分け与えてくださるのです」（同一一節）。また、聖霊は人格があるので、感情を持っておられ、「悲しまれる」お方です。「神の聖霊を悲しませてはいけません。あなたがたは、贖いの日のために、聖霊によって証印を押されているのです」（エペソ四・三〇）。彼は人格がある方ですから、使徒たちに誤りのない神のことばを書かせ、私たちに伝えてくださるのです（ヨハネ一六・一四〜一五参照）。「その方が来ると、罪について、義について、さばきについて、世の誤りを明らかになさいます」（同八節）。

「聖霊がダビデの口を通して前もって語った聖書のことば」（使徒一・一六）、「御霊が語らせるままに」（同二・四）、「御霊がピリポに……言われ」（同八・二九）、「主の霊がピリポを連れ去られた」（同三九節）というのです。この後も、「聖霊は教会を励まし」（同九・三一）、「ペテロに語り」（同一一・一二）、聖霊がパウロとバルナバに命じ、遣わし（同一三・二〜四）、聖霊が教会会議の決定を導き（同一五・二八）、使徒パウロは、「アジアでみことばを語ることを聖霊によって禁じられたので、フリュギア・ガラテヤの地方を通って行った。こうしてミシアの近くまで来たとき、ビティニアに進もうとしたが、イエスの御霊がそれを許されなかった」（同一六・六〜七）。まさに、使徒行伝は聖霊行伝でした。私に関して言えば、聖霊様が私に願いを起こさせ、祈りを導き、教会の牧師として召してくださいました。

聖霊が、人格のある方であることを心から感謝いたします。人格とは人間に対して用いる言葉です。聖霊は、御父や御子とともに、独立した主体です。ラテン語のペルソナが語源です。日本語では「位格」と呼ぶのです。御父を第一位格、御子を第二位格、聖霊を第三位格と言います。また、聖霊と御霊は同じ方で、公的な呼び方を「聖霊」と訳し、個人的関わりの時は「御霊」と訳しています。ギリシア語では同じ「プネウマ」と言い、大文字は「聖霊」、小文字は「御霊」

として表記されます。

聖霊は神である

使徒信条の第二項において、イエス・キリストは主なる神であることを学んできました。この第三項では、聖霊はキリストが父なる神と等しい栄光を持っておられることを明らかにしておられます。主イエスは、先ほどのヨハネの福音書一六章一四節で語られました。「御霊はわたしの栄光を現されます」と。

聖霊は人格があるだけでなく、神ご自身であり、栄光と誉れにおいて父と子と同等のお方です。聖書は、聖霊が父や子と同じ性質を持っておられることを教えています。具体的に言えば、聖霊は全能なる神です。創世記の一章二節によれば、「地は茫漠として何もなく、闇が大水の面の上にあり、神の霊がその水の面を動いていた」とあるように、この世界が造られたとき、聖霊は活発に創造のみわざに参加されました。聖霊は全知でもあるお方です。「だれが主の霊を推し量り、主の助言者として主に教えたのか。主はだれと相談して悟りを得られたのか。だれが公正の道筋を主に教えて、知識を授け、英知の道を知らせたのか」（イザヤ四〇・一三～一四）。

聖霊はどこにでもおられます。これを偏在と言います。私の大好きな詩篇一三九篇に素晴らしい言葉があります。

「私はどこへ行けるでしょう。
あなたの御霊から離れて。
どこへ逃れられるでしょう。
あなたの御前を離れて。
たとえ　私が天に上っても
そこにあなたはおられ
私がよみに床を設けても
そこにあなたはおられます。
私が暁の翼を駆って
海の果てに住んでも
そこでも　あなたの御手が私を導き
あなたの右の手が私を捕らえます。」

（同七〜一〇節）

聖霊が神であるということは素晴らしいことです。聖霊が聖書を霊感されたのです。ですから聖書に誤りがないのです。「聖書はすべて神の霊感によるもので、教えと戒めと矯正と義の訓練のために有益です。神の人がすべての良い働きにふさわしく、十分に整えられた者となるためです」（Ⅱテモテ三・一六～一七）。

三位一体の神

聖霊が人格を持ち、神であられることをご理解いただけたでしょうか。三位一体について、人間の論理的な説明でなく、主イエスや使徒、預言者による聖書の言葉で味わってきました。私たちは三位一体の教えを、神のことばの教えるままに信じるのです。

論理的には難しいことですが、聖書は父と子と聖霊なる神が、ともに永遠の初めからおられることを教えています。私たちは、それをそのまま信じるのです。聖書は、神には三つの人格があって、聖霊はその中の一つであると言います。たとえば、御子イエスが洗礼を受けられたとき、天から御父の声があり、「あなたはわたしの愛する子。わたしはあなたを喜ぶ」と言われました。医者ルカはその時の記録を次のようにしています。「聖霊が鳩のような形をして、イエスの上に降って来られた。すると、天から声がした。『あなたはわたしの愛する子。わたしはあなたを喜ぶ』」（ルカ三・二二）。この出来事は、御子と御父と聖霊が同時に出現しておられることから、神が三位一体であることがわかる箇所です。

また、使徒パウロの祈りからも同じ結論に導かれます。「主イエス・キリストの恵み、神の愛、聖霊の交わりが、あなたがたすべてとともにありますように」(Ⅱコリント一三・一三)。この祈りは、世界中の教会で礼拝の祝福の祈りとして、代々にわたってささげられてきました。この祈りは、三位の神を一体として挙げているのです。

しかし、もう一方で聖霊を父や子と区別し、その働きをそれぞれに区別して理解することも大切です。聖書は、父と子と聖霊の三人格の機能とそのみわざが、それぞれ区別されたものであることを教えています。

ここまで、「三位一体」という言葉を用いてきましたが、聖書の中にはこの言葉はありません。神が三位一体であることは、初代教会において当然のこととして受け止められていました。しかし、異端的な教えと区別するために、のちの時代の教父たちが聖書を丹念に調べる中で、イエス・キリストが神であることを告白し、御子と御父との関係を整理したのです。それと同時に、御子と聖霊の関係も整理することができました。異端的な教えとは、御子が神であることを否定し、聖霊が神であることを否定する教えでした。ですから、教会はさまざまな公会議を積み重ね、「使徒信条」が定められたのです。中でも、三位一体論は、正統と異端、ほんものとにせもの、キリスト教と異教とを区別する重要で大切な指標となるものです。

「和の文化」を尊ぶ日本では、「堅いことは言わない」ことが好まれるのですが、「神のことば」に基づく信仰に妥協の余地はありません。しかし、この点であいまいになる危険性があるのが現在という時代の傾向です。創造主のみを主張したり、イエスだけを主張したり、聖霊を中心に考えるなど、一神教に陥りやすい危険性が常に存在しています。

ここで、有名な四五〇年のアタナシオス信条を確認します。

「我らは一つなる神を三位において、三位を一体において、礼拝する。位格を混同せず、本質を分離せず、御父の位格、御子の位格、御霊の位格がそれぞれある。しかし、御父と御子と、聖霊との神性は一つであり、栄光は等しく、権威もともに永遠である。」

三位一体の神は信じるべき方

三つの「我は信ず」

使徒信条は、三つの「我は信ず」という言葉で展開しています。第一項で、「我は……父なる神を信ず」と言い、第二項で、「我らの主、イエス・キリストを信ず」と言い、第三項で、「我は聖霊を信ず」と告白するのです。つまり、三つの「我信ず」は、父なる神と御子なる神と、聖霊なる神は等しく信じるべき方であるというのです。この神への呼びかけが、神の三位一体を表しているのです。「信ず」とはどういうことでしょうか。あらためて問い直してみましょう。実は、それは実に大きな問題なのです。

使徒信条の「信ず」というラテン語の「クレドー」は、「信用する」「信頼する」「任す」「貸す」という意味です。英語の「クレジット」のもとになっている言葉です。つまり、「クレドー」の意味は、相手方に信頼を寄せ、身をゆだねることです。だれかに仕事を任せ、お金を貸すのは、相手の人を信用し、信頼しているからできることです。

新約聖書で「信じる」というギリシア語は、「ピステュオー」と言います。ラテン語の「クレドー」と同じ意味の言葉です。信仰というよりは、信託と言うべきでしょう。このような信仰とは、「神を信ず」というよりも「神に信ず」というほうがふさわしいのです。

キリスト教信仰の精髄

キリスト教で、「神を信じる」ということは、神の存在を疑わないとか、神は真実であると思うという次元にとどまりません。キリスト教信仰とは、神に信頼し、神に自分の身をゆだねることなのです。キリスト教信仰の精髄は、旧約聖書の人物に現れています。ユダヤ人の先祖アブラハムがその始まりです。そこで、アブラハムは「信仰の父」と呼ばれているのです。よく知られていることです。

しかし、ここではヨブ記の義人を取り上げます。義人ヨブは、因果応報の理論に立ってヨブを責め続ける三人の友人に反論します。悪を行った報いの災いを受けているのだろうという友人たちの訴えです。これに反論してヨブは友に訴えます。

「黙れ。私に関わるな。この私が話す。
私に何が降りかかってもかまわない。
何のために私は、自分の肉を歯にのせ、
自分のたましいを手のひらに置くのか。
見よ。神が私を殺しても、私は神を待ち望み、
なおも私の道を神の御前に主張しよう。」
（ヨブ一三・一三～一五）

このヨブの信仰を「神に信ず」というのです。ヨブの友人は、因果応報の冷たい論理に立って、神を弁護しました。彼らは「神を信ず」という信仰でした。神の御心よりも、自分たちの因果応報の神という理論を決定的な真理としてヨブを攻め立てたのです。この後、ヨブは友人たちとの論争を繰り返し、友人たちがヨブの苦難はヨブの隠れた罪が原因だとどこまでも断罪することに対して、そのような罪は身に覚えがないと弁明し続けます。ついには、天に自分の証人がおられることを求め、ヨブは一六～一七章で涙の訴えをするのです。

苦難のもとになる罪は犯していないが、苦難の理由が教えられていないヨブの悩みは深く、神に訴えても答えはありません。その中で、ヨブは自分の潔白を主張しつつも自分の気づかない罪の赦しを求め、自分を贖う方を求めるようになります。その罪とは、神よりも神の御前における自分の義《ただ》しさを重んじる間違った主張でした。ヨブが行き着いた信仰の告白は次のようです。

「私は知っている。
私を贖う方は生きておられ、
ついには、土のちりの上に立たれることを。
私の皮がこのようにはぎ取られた後に、
私は私の肉から神を見る。
この方を私は自分自身で見る。
私自身の目がこの方を見る。
ほかの者ではない。
私の思いは胸の内で絶え入るばかりだ。」

(同一九・二五〜二七)

すさまじいばかりの告白です。これが、「神に信ず」信仰です。この信仰は、やがてイエス・

キリストの十字架の贖いによって応えられることになります。

ヨブの友人たちのヨブに対する非難は二五章で終わり、友人たちは沈黙します。二六章からのヨブの言葉は、深い悩みの中にあっても神を呼び求め、神に聴いてもらい、神を喜ぶことでした。「苦しみが彼に降りかかるとき、神は彼の叫びを聞かれるであろうか。彼は全能者を自分の喜びとするだろうか。どんなときにも神を呼び求めるだろうか」（同二七・九〜一〇）。これこそが、神である贖い主を知った者の信仰です。使徒パウロはその喜びを語ります。

「こうして、私たちは信仰によって義と認められたので、私たちの主イエス・キリストによって、神との平和を持っています。このキリストによって私たちは、信仰によって、今立っているこの恵みに導き入れられました。そして、神の栄光にあずかる望みを喜んでいます。それだけではなく、苦難さえも喜んでいます。それは、苦難が忍耐を生み出し、忍耐が練られた品性を生み出し、練られた品性が希望を生み出すと、私たちは知っているからです。この希望は失望に終わることがありません。なぜなら、私たちに与えられた聖霊によって、神の愛が私たちの心に注がれているからです。」（ローマ五・一〜五）

ヨブも、使徒パウロも自分の義を確信していました。ヨブは、三一章において自分の立てた義を主張しているというより、主の契約のしもべとしての潔白さを証ししているのです。ヨブは、自分が主の恵みによって支えられていることを知っています。それは、ローマ人への手紙五章で、使徒パウロが主張していることと同じです。二人とも主の恵みに立つことは共通しています。そのうえで、パウロも自分の義を告白しています。「私は生まれて八日目に割礼を受け、イスラエル民族、ベニヤミン部族の出身、ヘブル人の中のヘブル人、律法についてはパリサイ人、その熱心については教会を迫害したほどであり、律法による義については非難されるところがない者でした」（ピリピ三・五〜六）と。ヨブもパウロも、因果応報の理論に立っているのではありません。旧約と新約の代表的義人二人は、どちらも神の恵みによる義を受けた信仰による義人です。

むすび

聖霊によって、私たちは主イエスを見るようになりました。十字架の前の主イエスの約束を、今一度味わいましょう。「父が持っておられるものはすべて、わたしのものです。ですからわたしは、御霊がわたしのものを受けて、あなたがたに伝えると言ったのです。しばらくすると、あなたがたはもうわたしを見なくなりますが、またしばらくすると、わたしを見ます」（ヨハネ一六・一五〜一六）。

我は聖霊を信ず　Ⅱ

コリント人への手紙第一、六章一五～二〇節

今回は、「聖霊を信ず」の二回目です。前回は、三位一体の中における聖霊について学びました。そこで、聖霊のお働きを中心に、四つの項目について、かいつまんで学びます。

聖霊について、私は若い時に一冊の本を著しました。『いつ聖霊を受けるのか』という題です。多くの内容を持つ聖霊に関する事柄の中で、この使徒信条解説に導かれました。聖書は、キリスト教信仰における御霊のキリスト者への身近な働きを語ります。

内住の御霊

まず、冒頭のみことばから取り組みます。

「あなたがたは知らないのですか。あなたがたのからだは、あなたがたのうちにおられる、神から受けた聖霊の宮であり、あなたがたはもはや自分自身のものではありません。あなたがたは、代価を払って買い取られたのです。ですから、自分のからだをもって神の栄光を現しなさい。」

（Ｉコリント六・一九〜二〇）

使徒パウロは、キリスト者が自覚すべきことは第一に、自分は自分のものではなく、信じているイエス・キリストのものだから、それにふさわしく生きるべきだというのです。使徒ペテロも最晩年の手紙において、同じことを聖霊によって語ります。「ご存じのように、あなたがたが先祖伝来のむなしい生き方から贖い出されたのは、銀や金のような朽ちる物にはよらず、傷もなく汚れもない子羊のようなキリストの、尊い血によったのです」（Ｉペテロ一・一八〜一九）。キリストを信じる者はキリストに所有されているのです。

第二に、キリスト者は御霊がうちに住んでおられることを自覚すべきです。自分は「聖霊の宮」だからそれにふさわしく生きようと思うべきなのです。自分自身を聖霊の宮として、聖霊の宮を汚すことを避けるべきです。自分の好みに従って、自分の身体を用いて、聖霊を悲しませてはならないのです。内住の御霊のことは「奥義」と呼ばれています。この奥義は、すべてのキリスト者が信仰の初めに与えられている恵みです。特別なキリスト者が、特別に与えられている特権や資格ではありません。イエスを主と信じた初めの時に、しっかり伝えることです。「この奥義が異邦人の間でどれほど栄光に富んだものであるか、神は聖徒たちに知らせたいと思われました。この奥義とは、あなたがたの中におられるキリスト、栄光の望みのことです」（コロサイ一・二七）。

私の信仰の恩師である橋本巽先生は、このみことばから内住の御霊の奥義と恵みをよく語ってくださいました。比較宗教の専門家として有名な方でした。いわゆる、きよめ派と言われる教派の中で、霊的な説教家として、あまり評価されなかったようです。橋本先生はそれを不本意としておられました。聖会の説教者として名高い、小島伊助先生からエペソ人への手紙や、コロサイ人への手紙など、パウロ書簡の深い恵みのメッセージを直伝されていました。私は、母教会の礼拝でどれほど霊的に豊かな恵みの養いをいただいたか、今にして感激を新たにしています。神学生時代から個人的にも、内住のキリストの教えをご指導いただいてきました。

ユダヤの祭りと内在の御霊

御霊の内住はいつ始まったのでしょうか。その答えは、「仮庵の祭り」というユダヤ教の三大祭りの一つがエルサレムで祝われていた時のことです。「時に、仮庵の祭りというユダヤ人の祭りが近づいていた」（ヨハネ七・二）。ユダヤの暦の中の三大祭は、季節祭でもあり、農業と関係があります。「過越の祭り」は春のはじめの収穫、ユダヤ歴のニサンの月で太陽暦の三～四月にあたります。ヨハネは、過越の祭りの時期の出来事をヨハネの福音書五～六章に関連記事として記録しています。

「七週の祭り」は二度目の収穫、ユダヤ歴のイワンの月で太陽暦の五～六月に相当します。「仮庵の祭り」は秋の取り入れの季節を記念して祝われます。ユダヤ暦のチスリの月で太陽暦の九～十月の頃です。

ユダヤ教の祭りは、イスラエルの民の重要な出来事を記念しています。その信仰的意味は、キリスト教における信仰歴に引き継がれたのです。「過越の祭り」は、受難週とイースターに匹敵します。また、「七週の祭り」は、過越の祭りから五十日目にあたります。それは、ギリシア語でペンテコステ（五旬節）です。すなわち「聖霊降臨節」として祝われます。ちょうどこの祭りの日にエルサレムに集まっていた人々の前で聖霊が注がれたのです。ペンテコステの出来事は、次の箇所に記録されています。

「五旬節の日になって、皆が同じ場所に集まっていた。すると天から突然、激しい風が吹いて来たような響きが起こり、彼らが座っていた家全体に響き渡った。また、炎のような舌が分かれて現れ、一人ひとりの上にとどまった。すると皆が聖霊に満たされ、御霊が語らせるままに、他国のいろいろなことばで話し始めた。さて、エルサレムには、敬虔なユダヤ人たちが、天下のあらゆる国々から来て住んでいたが、この物音がしたため、大勢の人々が集まって来た。彼らは、それぞれ自分の国のことばで弟子たちが話すのを聞いて、呆気にとられてしまった。」

（使徒二・一〜六）

この日は、後にモーセがシナイ山で律法を与えられたことを記念する日とされるようになりました。

さて、「仮庵の祭り」は一週間続きます。キリスト教での「収穫感謝祭」に当たるのでしょう。ヨハネの福音書七章三七〜三九節にこの祭りの時の記事があります。ユダヤ人は仮庵の祭りを祝うとき、彼らの先祖がエジプト脱出の荒野を放浪中、創造主が幕屋に宿って彼らを守られたことへの感謝を新たに記念し続けました。その祭りの記事が、同じ七章に記録されているのです。

「さて、祭りの終わりの大いなる日に、イエスは立ち上がり、大きな声で言われた。『だれでも渇いているなら、わたしのもとに来て飲みなさい。わたしを信じる者は、聖書が言っているとおり、その人の心の奥底から、生ける水の川が流れ出るようになります。』イエスは、ご自分を信じる者が受けることになる御霊について、こう言われたのである。イエスはまだ栄光を受けておられなかったので、御霊はまだ下っていなかったのである。」

（ヨハネ七・三七〜三九）

主の弟子ヨハネがここで「栄光を受ける」と言われたのは、ヨハネの福音書独特の表現で、主イエスが十字架にかかり、復活し、天に昇ることを意味しています。十字架の受難は、出エジプトを記念する「過越の祭り」の時に行われました。かつて、ユダヤ人の家ごとに子羊が犠牲としてささげられた出来事が、神の子羊として十字架に架けられたことを象徴しています。

信じる者に内住してくださる御霊は、主イエスを信じる人が内住の御霊を心の隅に押しのけて、自分が心の王座にふんぞり返っているならば、聖霊に満たされることがありません。その結果、霊的な渇きに陥ります。私たちは、この肉的な自己中心の事態を悔い改めて、自分の人生のご主人である聖霊に人生の支配権をゆだね、明け渡すのです。そのとき、私たちは聖霊に満たされるのです。

この恵みの経験は季節や教会歴に関係なく、内在の御霊として、いつでも「生ける水の川が流れ出るようになる」のです。私たちはキリストのところに毎日行き、いつもその水を飲むことができます。

御国の保証である御霊

内住の御霊は、この地上での恵みを注ぐだけで終わりません。御子のいのちの代価で買い取った神の子の、永遠のいのちの保証となられます。それは、エペソ人への手紙に約束されています。「聖霊は私たちが御国を受け継ぐことの保証です。このことは、私たちが贖われて神のものとされ、神の栄光がほめたたえられるためです」（エペソ一・一四）。

その御霊は、主イエスの福音を聞いて信じた時から、救いの証印として与えられているという前置きが、直前の一三節にあります。先に、聖霊の人格について引用した、エペソ人への手紙四章三〇節に「あなたがたは、贖いの日のために、聖霊によって証印を押されているのです」と、念押しの約束があります。

使徒ヨハネは、主イエスは「天から来られる方」で、この方は見たこと、聞いたことを証しされると言っています。それは、永遠の贖いの保証についての証しです。「その証しを受け入れた者は、神が真実であると認める印を押したのである。神が遣わした方は、神のことばを語られる。神が御霊を限りなくお与えになるからである」（ヨハネ三・三三〜三四）。

使徒ヨハネはその福音書において、主イエスご自身の言葉を記録しています。それは、ガリラヤ湖畔の山の上に集まった大勢の群衆をパンの奇跡で十分に食べさせた直後でした。「わたしを遣わされた方のみこころは、わたしに与えてくださったすべての者を、わたしが一人も失うことなく、終わりの日によみがえらせることです。わたしの父のみこころは、子を見て信じる者がみな永遠のいのちを持ち、わたしがその人を終わりの日によみがえらせることなのです」(同六・三九～四〇)。

この永遠のいのちの約束の保証が、神の御霊です。救われて後の自分の罪深さのゆえに、滅んでしまうのではないかと恐れていた若き日の私に、永遠のいのちのパンが与えられているとの主の言葉で、救いの絶対的保証を受けたことが昨日のように思い出されます。信仰者の堅忍の教理を知らない時に書き上げた小論文のタイトルは、「あなたの堕落は可能か」というものです。

御国の保証は、御国での霊的祝福を表しています。それは、御国で栄光のからだを含む祝福ですから、御霊と復活について述べます。それは、ローマ人への手紙八章に書かれています。ここには、内住の御霊についての確約と、御霊と復活のからだについて約束しています。

「もし神の御霊があなたがたのうちに住んでおられるなら、あなたがたは肉のうちにではなく、御霊のうちにいるのです。もし、キリストの御霊を持っていない人がいれば、その人はキリストのものではありません。キリストがあなたがたのうちにおられるなら、からだは罪のゆえに死んでいても、御霊が義のゆえにいのちとなっています。イエスを死者の中からよみがえらせた方の御霊が、あなたがたのうちに住んでおられるなら、キリストを死者の中からよみがえらせた方は、あなたがたのうちに住んでおられるご自分の御霊によって、あなたがたの死ぬべきからだも生かしてくださいます。」（ローマ八・九～一一）

御国における復活された御霊のからだについて、使徒パウロはコリントの教会にさらに詳しく述べています。「血肉のからだで蒔かれ、御霊に属するからだによみがえらされるのです。血肉のからだがあるのですから、御霊のからだもあるのです。こう書かれています。『最初の人アダムは生きるものとなった。』しかし、最後のアダムはいのちを与える御霊となりました。最初にあったのは、御霊のものではなく血肉のものです。御霊のものは後に来るのです」（Ⅰコリント一五・四四～四六）。

御霊によって歩む

イエス・キリストを救い主として信じた人は、神の子とされ、神の御霊を宿すものとされました。それを、「御霊によって生きる」と言います。その人は、御霊によって進むのです。「歩む」

とも言います。クリスチャン一代記は御霊との関わりなしでいることはありません。「私たちは、御霊によって生きているのなら、御霊によって進もうではありませんか」（ガラテヤ五・二五）とあるとおりです。

主イエスによる新しいいのちの起源である御霊は、主イエスの民の生活の基準ともなったのです。使徒パウロはその法則をローマ人への手紙八章二節で、「なぜなら、キリスト・イエスにあるいのちの御霊の律法が、罪と死の律法からあなたを解放したからです」と言っています。

ここで「律法」と訳されている言葉は、ギリシア語の「ノモス」であり「原理」「法則」「支配」などと訳される言葉です。キリスト者は、律法の呪いから解放されて自由になりました。しかしそれは、自分の好き勝手な、したい放題の生活をしてよいということではないのです。御霊の法則に従う生活をすると、御霊が霊的な実を結んでくださるのです。

先ほどの、ガラテヤ人への手紙五章二二～二三節で、御霊の結ぶ実の目録があります。「しかし、御霊の実は、愛、喜び、平安、寛容、親切、善意、誠実、柔和、自制です。」これらの実は、御霊が結ぶ実であって、人間の努力による働きや、業によるものではありません。

キリスト者は、自分の「肉」と呼ばれる生来の働きや力に頼ることなく、聖霊のご支配にゆだねることによって、御霊の実を結んでいただけるのです。その状態を「御霊に満たされる」と言います。使徒パウロはエペソへの手紙五章一八～二〇節でそれを命じています。「御霊に満たされなさい。詩と賛美と霊の歌をもって互いに語り合い、主に向かって心から賛美し、歌いなさい。いつでも、すべてのことについて、私たちの主イエス・キリストの名によって、父である神に感謝しなさい。」

聖霊の満たしの第一のしるしは、「互いに語り合う」ことであり、霊的交わりです。礼拝を意味することばでしょう。第二のしるしは「主に向かって心から賛美し、歌いなさい」であり、それは心からの礼拝をささげるようにとの奨めです。三つ目のしるしは、「いつでも、すべてのことについて、……感謝しなさい」ということが守られているのでしょう。これが、御霊に満たされた者の三つのしるしです。

これらは、献身的なキリスト者の普通の特徴を意味しているのです。初代から現代にいたるキリスト者の標準を示しているのでしょう。バルナバは「立派な人物で、聖霊と信仰に満ちている人であった」（使徒一一・二四）と言われ、バルナバとパウロに導かれたピシディヤのアンテオキィアで新しく信じた人々は、「弟子たちは喜びと聖霊に満たされていた」（同一三・五二）と述べられています。この標準は、現在の主と教会に忠実に仕えるキリスト者にも当てはめられるのです。普通の、平凡な、クリスチャンも十分この標準に達しているのではないでしょうか。

むすび

内住の御霊による幸いな人生の歩みと、永遠の御国にまで導いてくださる御霊の働きについて学んできました。最後に、御霊と祈りについて申し上げます。私たちは自分の弱さのためにうめく思いをする時があります。その弱さとは、どのように祈ったらよいかわからないというほどの弱さです。この私たちの弱さを知って、私たちのそばにいて、助けてくださる方が御霊です。「同じように御霊も、弱い私たちを助けてくださいます。私たちは、何をどう祈ったらよいか分からないのですが、御霊ご自身が、ことばにならないうめきをもって、とりなしてくださるのです」(ローマ八・二六)。

私たちの祈りは、しばしば冷淡で、形式的になり、不熱心ですが、そんな私たちの代わりに御霊は執り成しの祈りをささげてくださるのです。「ことばにならないうめきをもって」なされます。すべての被造物がうめき、救われたキリスト者もうめいています(同二二～二三節)。主の民は決して孤独ではありません。見捨てられることはないのです。今一度、心を込めて告白しましょう。「我は聖霊を信ず」と。

我は聖霊を信ず　Ⅲ

コリント人への手紙第一、一二章一〜一三節

「我は聖霊を信ず」の三回目です。ここで、しばしばなされる過ちを犯さないように、「聖霊のバプテスマ」と「御霊の満たし」の違いについて話しておきます。実は、私が所属する西大寺キリスト教会の歴史において、このテーマは重要な意味を持っています。最初の会堂建設中に、当時の所属教団の信仰告白の解釈と、『いつ聖霊を受けるのか』という私の著書の見解との違いが問題視され、教団離脱という結果になりました。それから十年間単立教会として歩み、その後、現在の日本同盟基督教団に加入したのです。私たちの教会の問題に関してだけではなく、この二つの区別がわからないために、多くのキリスト者や教派や教会が混乱しているのです。

「聖霊のバプテスマ」と「聖霊の満たし」の区別

ここで、「聖霊の満たし」と「聖霊のバプテスマ」の違いを確認しておきます。御霊の満たしは、継続的に繰り返されることです。一方、聖霊のバプテスマは信仰による救いに入る時に主イエスがなさったことで、繰り返すことのない、また、失われることのないただ一回の出来事です。コリントの教会への手紙第一、一二章一三節がそのことを証明する箇所です。「私たちはみな、ユダヤ人もギリシア人も、奴隷も自由人も、一つの御霊によってバプテスマを受けて、一つのからだとなりました。そして、みな一つの御霊を飲んだのです。」

これは、かつてペンテコステに起こった教会に対する聖霊の降臨が、それ以降、回心したすべての個人に当てはめられることを宣言しているのです。ですから、聖霊のバプテスマをクリスチャンに対して求めることは聖書の福音に反しています。それを詳しく論じたのが、拙著『いつ聖霊を受けるのか』でした。ここではこれ以上、聖霊の「満たし」と「バプテスマ」の違いに関することを詳細に述べることはしないのですが、私自身の霊的な経験を述べることにします。

私は、勤めていた会社を退職し、四年制の関西聖書神学校に入学することになりました。直前の一月九日、主の日の礼拝に向かう早朝、前日からの小学校時代の同窓会の二日目をキャンセルして、教会に向かったのです。会場の山を下りるとき、真っ黒な東の空の雲間から突然朝日が差し込んできたのです。私の心はその黒雲のように真っ暗でした。その日、橋本巽牧師の説教は、「闇の中から光照り出でよ」でした。罪人を赦し、その心に宿られる内住のキリストの恵みを語る、十字架のメッセージだったのです。その日のテキスト、コリント人への手紙第二、四章六〜七節のみことばが、心に浸みわたってきました。「『闇の中から光が輝き出よ』と言われた神が、キリストの御顔にある神の栄光を知る知識を輝かせるために、私たちの心を照らしてくださったのです。私たちは、この宝を土の器の中に入れています。それは、この測り知れない力が神のものであって、私たちから出たものではないことが明らかになるためです。」

朝の光景が浮かんできました。暗黒の黒雲のような私の闇の心に、突如光が輝いたのです。そうだ、私の真っ暗闇の心をどうすることもできないでいる。まもなく献身して神学校に入学しようとしているのに、どうすることもできないでいる。そんな土くれのような私の中に、主イエスが宿っていてくださるというのです。「そうだ、私は闇だ。その闇はどこまでも深く、罪は深い。そして、このみすぼらしい土の器の中に主がいてくださる。私は、自分でどうすることもできない罪びとであるけれど、すでに内にいてくださる主イエスが、この破れの土の器の中から輝き出てくださるのだ。なんという恵みだろう。」これこそ福音だと思ったのです。それは、私が聖霊に満たされた大きな経験でした。説教の応答賛美が次のものでした。

「主を仰ぎ見れば　古きわれは、うつし世と共に　速《と》く去りゆき、
我ならぬわれの　あらわれきて、見ずや天地ぞ　あらたまれる。」
（『教会福音讃美歌』三四一番「主を仰ぎ見れば」）

この讃美歌の一節から四節の歌詞が心と霊に響いて、私は泣き崩れながら賛美したのです。これが、私の「アルダスゲート街」の聖霊経験です。それは、有名なジョン・ウェスレーの聖霊経験を表す言葉です。彼は、オックスフォード大学で神学を学び、聖職者となり、やがてアメリカのジョージア州に宣教師として渡ります。そこでさまざまな挫折を経験し、自分の罪深さを味わい、失意のどん底で帰国します。それから三か月後の五月二十四日、アルダスゲート街の集会に、気の進まぬ思いの中で出席します。司会者が、ルターの「ローマ人への手紙」の序文を読んでいたとき、心が不思議に熱くなるのを覚えたのです。「私は、救われるためにキリストに、ただキリストのみに信頼した。神が私の罪を、この私の罪さえも取り去ってくださり、罪と死の律法から救ってくださったという確証が、私に与えられた」と、後に回想しています。

ウェスレーのこの経験は、回心の経験であり、また、救いの確認の経験であると思われます。この霊的経験をすべてのクリスチャンに普遍的経験の第二恩寵として、求める教派があります。

その時の霊的経験を「聖霊のバプテスマ」と表現するのです。あるいは、「きよめの体験」とも言います。経験それ自体は素晴らしい恵みですが、その教理的位置づけは、誤解を招く恐れがあります。ウェスレーは、この経験以来、感謝と悦びで輝き、聖霊が彼の心を恵みに満たし、福音宣教の働きに大いに用いられたのです。私が経験したことは、聖霊の満たしであり、その後も何度も経験できた恵みとして聖書的に正しく位置づけることができました。

私たちが「聖霊を信ず」と告白するのは、聖霊が私たちにも同じことをしてくださると信じているからです。この経験は、回心の時に漏れなく「聖霊のバプテスマ」にあずかっているすべてのキリスト者に与えられる「聖霊の満たし」です。

「聖霊のバプテスマ」と「御霊の力」の区別

「聖霊のバプテスマ」を受けるのは、「聖霊の力」を受ける時であるという教えもあります。それは、「異言」を語るというしるしを伴うというのです。これも、ある特定の経験を普遍化する考えからくる教えです。先ほどの「きよめ」の経験と同じように、「異言を語る」経験を「聖霊のバプテスマ」と言う教えです。

異言とともにもう一つのしるしが、「力」です。それは、伝道する働きに現れる力であると言います。その根拠は次のみことばにあるというのです。「しかし、聖霊があなたがたの上に臨むとき、あなたがたは力を受けます。そして、エルサレム、ユダヤとサマリアの全土、さらに地の果てまで、わたしの証人となります」（使徒一・八）。しかし、これは特定のクリスチャンの霊的経験を物語っているのではありません。ここで言う「聖霊が臨む」とは、聖霊の力が「父の約束を待つ」（同四節）すべての人に与えられるという意味です。さらにそれは、一時的なものではなく、留まり続け、また働き続けてくださる神の力なのです。

その力とは、キリストの証人となるための力です。キリストの証人としての任務は決して生やさしいものではありません。「証人」と訳されているギリシア語は「殉教」を意味する言葉からきています。事実、ステパノをはじめ多くの証人が殉教の血を流しました。私たちも時には殉教さえ覚悟しなければならない、まさにいのちがけの仕事であり、使命です。

使徒パウロは「聖霊によるのでなければ、だれも『イエスは主です』ということはできません」（Ⅰコリント一二・三）と言っています。そのすぐ後の一二章八～一〇節に、御霊の賜物のことを語っています。「ある人には御霊を通して知恵のことばが、ある人には同じ御霊によって知識のことばが与えられています。ある人には同じ御霊によって信仰、ある人には同一の御霊によって癒やしの賜物、ある人には奇跡を行う力、ある人には預言、ある人には霊を見分ける力、ある人には種々の異言、ある人には異言を解き明かす力が与えられています。」

ここに語られているように、異言は御霊の賜物の一つにすぎません。コリントの手紙第一、一四章にも、すべてのクリスチャンが異言を受けているとはかぎらないと、多くの言葉ではっきり教えています。つまり、異言は聖霊を受けたしるしではありません。ここでも、『いつ聖霊を受けたのか』という私の処女作が大いに関係してきます。この著作は、「きよめの経験」と聖霊のバプテスマの問題を取り扱いましたが、その後、ペンテコステ派やカリスマ派の台頭があり、今回、遅まきながらこの項で取り上げています。

もう一度確認して言えば、「異言」は御霊を受けることがつねに伴うと、聖書から断言できません。なぜならば、初代教会を物語る「使徒の働き」においては、御霊を受けたすべてのグループの中、三つのグループだけが「異言を語った」と言われているのです。それは、使徒二章一～四節、一〇章四四～四六節、一九章一～六節です。これは、ペンテコステの日と、使徒ペテロによるコルネリウスの仲間の回心、ヨハネの名によるバプテスマを受けたエペソの弟子たちの出来事でした。これらは、上記の三種類のグループが、「一つのからだとなるように」、すなわち、キリストのからだである教会に連なることになることを教える目的があったのです。しかし、主の教会に加えられる条件に、異言を語ることも、聖霊のバプテスマも含まれていません。

御霊によって一つのからだとなる

冒頭の聖書箇所にあるように、聖霊のバプテスマは、信仰のはじめに与えられています。「私たちはみな、ユダヤ人もギリシア人も、奴隷も自由人も、一つの御霊によってバプテスマを受けて、一つのからだとなりました。そして、みな一つの御霊を飲んだのです」（Ⅰコリント一二・一三）。

「飲んだのです」という表現は文法的に、信じた時にすでに与えられているということを意味しています。また、「バプテスマ」という言葉の意味は「一つにする」ということです。「からだ」という語は「教会」の比喩的表現です。ですから使徒パウロは、主を信じた時に聖霊が私たちを教会と結び合わせて一つにされたと言っているのです。

人が、回心して聖霊による新生の恵みをいただいたとき、聖霊はキリストの見えない教会に結び合わせてくださったのです。くどいようですが、そのことを「聖霊のバプテスマ」というのです。聖霊の内住は、信仰の初めから与えられています。救われた後で求めなくていいのです。さらに、内住の御霊は、主イエスを信じる者たちを人格的に満たしてくださる方です。

「満たす」、または「注ぐ」という表現から、器に水を注ぎ、満たし、あふれる様子を想像します。そのとき、水の量的な増加を思い描くのです。しかし、「聖霊の満たし」における「満たし」とは、聖霊の人格的ご支配を意味します。その支配は、力や量による外的圧迫ではなく、信じる者の内面から願望を与え、自発的な思いと行為に導くことを意味するのです。使徒パウロは、ピリピ人への手紙二章一三節で語ります。「神はみこころのままに、あなたがたのうちに働いて志を立てさせ、事を行わせてくださる方です。」聖霊は、キリスト者のうちに住まわれ、御霊の賜物によって働かせてくださいます。昔の塩屋の神学校（関西聖書神学校）の食堂に、キングジェームス訳でピリピ人への手紙二章一三節の聖句額が掲げられていました。一回目の再建築後、この額が事務室に放置されているのを見つけ、当時の学監、後に校長になられた向後昇太郎先生の許可を得て、私がいただき、西大寺教会の旧会堂の牧師室に掲げていました。今は、グローリア礼拝堂のアート回廊に掲げています。

IT IS GOD WHICH WORKETH　Phil.2.13

次に、「聖霊の力」とは何でしょう。聖霊の真の力は重要です。聖霊は聖化と栄化の力です。聖霊は、労苦に満ちた困難な主のしもべの生涯に、内的ならびに外的な生活のすべてにおいて、賛美しつつ神に仕えさせるように働きます。生涯をかけて主に仕えた使徒ペテロは、苦難の生涯の終わりにあって、迫害に苦しむ初代教会の信徒たちに語りかけています。「もしキリストの名のためにののしられるなら、あなたがたは幸いです。栄光の御霊、すなわち神の御霊が、あなたがたの上にとどまってくださるからです」（Ⅰペテロ四・一四）。

かつて、主イエスの十字架の苦難の時、人々を恐れて主イエスの弟子であることを拒み、主のまなざしに見つめられ泣き崩れたペテロが晩年を迎えて、この励ましを語っているのです。何がペテロをこのように変えたのでしょうか。その答えが、このみことばの後半です。「栄光の御霊、すなわち神の御霊が、あなたがたの上にとどまってくださるからです。」

これこそ、ペテロに起こった父なる神のみわざ、御子イエス・キリストのみわざ、そして聖霊なる神のみわざにほかなりません。まさに、三位一体の神の本質を物語っているのです。神は生ける神であり、聖霊は創造と救済において私たちを生かしてくださる方です。その「生かす方」である聖霊は、永遠に「生かす力」を持っておられる方です。

むすび

この章の最初で、二十五歳の時の処女作『いつ聖霊を受けるのか』が、当時の所属教団から離脱するきっかけになったと言いました。その後日談をお伝えする責任があるように感じます。真理のために分離することは罪ではありません。むしろ、真理を無視した一致を優先することは不名誉なことです。使徒パウロの言葉に耳を傾けましょう。「私たちは、一時も彼らに譲歩したり屈服したりすることはありませんでした。それは、福音の真理があなたがたのもとで保たれるためでした」（ガラテヤ二・五）。

争いや分離は好みません。しかし、福音の真理のための一致が妨げられる状況は避けなければなりません。理に合わない非難を受け、弁明の機会も与えられず、忍耐と寛容の限度を超えて、この書物の撤回の求めに応じよとの命令に応じることはできませんでした。その結果、しかるべき処分を公に受けることは、所属教団への愛のゆえに望むところでした。

しかし隠密裏に、しかも欠席裁判で一方的に処断されることさえも是としました。それが、分離独立の経緯でした。当時の小さな群れは、全員一致で離脱を決議しました。それに先立って私たち牧師夫婦は自ら身を引き、教会の辞職を願い出たのですが、当時の役員会によって否決、却下されたのです。教会と信仰の一致している牧師夫妻の辞職を受理できないとの理由でした。そのような経緯の上での教団離脱決議でした。当時、八三〇坪の広い農地を取得して、自家発注で建設工事を進めている中でのことでした。銀行融資の条件としての担保は、融資の信徒の個人不動産の提供をいただいていました。教会員家族に対しても、対社会的責任においても、教団内の争いで地域社会に迷惑をかけることは断じてできません。ですから、やむなくキリストのために受けるそしりを受ける覚悟で、所属教団からの離脱に至ったのです。

私たち牧師夫妻は、一方的な「ひつじ泥棒」の汚名を甘んじて受けたのです。一九七九年のその時から数えて四十数年が経ちました。この間、広い日本のキリスト教界と、岡山・中国地方の教会関係において、協力関係は損なわれることなく、真実が少しずつ受容されてきたことは、平和と秩序を喜ばれる、主と聖霊の恵みであったと感謝しています。

当然のことですが、聖霊に関する信仰の表明は一貫して続けてくることができました。当事者をはじめ、さまざまな関係者の皆様の寛容と善意のゆえでもあったと思っています。今では、その真理理解は離脱教団の中にも進んでいることを散見します。これも、神の恵みの後日談として申し上げます。

二箇所のみことばで終わります。

「しかし、助け主、すなわち、父がわたしの名によってお遣わしになる聖霊は、あなたがたにすべてのことを教え、わたしがあなたがたに話したすべてのことを思い起こさせてくださいます。わたしはあなたがたに平安を残します。わたしの平安を与えます。わたしは、世が与えるのと同じようには与えません。あなたがたは心を騒がせてはなりません。ひるんではなりません。」

（ヨハネ一四・二六～二七）

「どうか、平和の主ご自身が、どんな時にも、どんな場合にも、あなたがたに平和を与えてくださいますように。どうか、主があなたがたすべてとともにいてくださいますように。」

（Ⅱテサロニケ三・一六）

聖なるいのちの共同体

使徒の働き二〇章二五〜三五節

使徒信条「我は聖霊を信ず」に続く、「聖なる公同の教会」について学びます。使徒信条は聖霊信仰を明確に告白したところで、すぐ「聖なる公同の教会を信ず」と言います。それは、聖霊を信じるということは、教会を信じるというに等しいと言っているかのようです。それほどに、教会に対する信仰の大切さを示しています。言い換えれば、「我は教会を信ず」ということです。それはどういうことか、ということから始めていきましょう。

教会とはどのような共同体か

「教会」という言葉は、ギリシア語に基づくラテン語の「エクレシア」です。これは「呼び出されたもの」を意味します。教会は、神に呼び出され、召されて成り立つのです。これに対し、人間が集まって作った団体は、ラテン語「アソキオー（結合する）」から生まれた言葉です。それは、目的に共感する人々の意志の一致によって造られるものです。教会は、神の召しに応じた人々によって構成されていますが、構成員である教会員の意志の一致には基づいていないのです。このことは、教会が多様性を持った人々の集まりであることを示しています。ですからそのような教会の本質を見失って、「教会員の一致」を求めると、教会は一致とは逆の分裂に向かうのです。

人間の作った団体は、その構成員のものであったり、団体そのものが自ら権利者であったりしますが、教会は、教会員のものではなく、主のものなのです。「教会」は、英語の「チャーチ」やドイツ語「キルへ」、オランダ語「ケルク」などのように、「主に属するもの」を意味する、ギリシア語の「キュリオコン」からきています。日本語の「教会」は、「教える集まり」と漢字そのものが意味を示しています。カトリック教会の教会観は、聖職者の組織を「教える集会」と呼び、信徒を「聞く集会」と呼びます。聖書の教えに従えば、「教会」は、「（キリストの）教えに従うものの集まり」と読むべきでしょう。

聖霊と人間の働きによる教会

先述したように、使徒信条は、教会を「我は信ず」の第三項目に入れて告白します。それは、教会における聖霊の働きを強調したからでしょう。

まず、教会は、聖霊が地に降ることによって生み出されたものです（使徒二・一〜四）。さらに、教会は聖霊の住む「神の神殿」です。「あなたがたは、自分が神の宮であり、神の御霊が自分のうちに住んでおられることを知らないのですか」（Ⅰコリント三・一六）。教会は、聖霊によって「神の住まい」となりました。「あなたがたも、このキリストにあって、ともに築き上げられ、御霊によって神の御住まいとなるのです」（エペソ二・二二）。

「我は聖霊を信ず　Ⅱ、Ⅲ」で述べたように、教会の多くの働きが聖霊によって導かれています。教会は、「聖霊行伝」という仮称もあるように、聖霊の働きの場です。前段で、教会は「共同体」であると言いましたが、「信仰者」の共同体に重きを置くと、この世の団体と同じになってしまいます。教会における聖霊の働きを意識し、聖霊とともに、聖霊を崇めつつ、教会の働きをする時に、主に属するものとしての教会が現れるのです。当然のことですが、教会における人間の働きが無意味なのではありません。聖霊は教会において、限りある、弱く罪深い人間を用いて神の計画を成し遂げられるのです。その実例が使徒の働き一五章の「エルサレム教会会議」にあります。その記録は、教会の働きが決して聖霊の専制によるものではなく、単なる人間的なものでないということを明らかにしています。

異邦人が回心した時に、割礼を受けるべきかどうか、エルサレムのユダヤ人教会とパウロたちによって生まれた異邦人教会の間に激しい対立が生まれ、その問題を討議するために集まった会議において、論争が起こりました。「多くの論争があった後、ペテロが立って彼らに言った。『兄弟たち。ご存じのとおり、神は以前にあなたがたの中から私をお選びになり、異邦人が私の口から福音のことばを聞いて信じるようにされました』」(使徒一五・七)。

しかし、それによって一つの教理的な決議へと導かれたのでした。その決議文が次の二八〜二九節にあります。「聖霊と私たちは、次の必要なことのほかには、あなたがたに、それ以上のどんな重荷も負わせないことを決めました。すなわち、偶像に供えたものと、血と、絞め殺したものと、淫らな行いを避けることです。これらを避けていれば、それで結構です。祝福を祈ります。」この決議文の主語は、「聖霊と私たち」となっています。つまり、教会は、聖霊と私たちの働きなのです。

そこで振り返れば、私たちの教会と教団との教理の見解の食い違いによる離脱問題も、関係者双方の食い違いも含め、聖霊の導きの中にあったと言えるのです。聖霊は、その後四十年の歳月の中で、さまざまな場面を通して働き続けてくださいました。現在の同盟基督教団加入後も、私たちとともに導き続けてくださっているのです。

聖霊は今も同様に働き、導き続けてくださいます。それは、教会のあらゆることに関わってなされるのです。聖霊を崇め、みことばに従いつつ、教会のすべての業において真実に歩みたく願います。たとえ、理不尽と思えることがあっても、主の聖なる導きを信じてゆだねることを固く信じて歩みます。

聖なる教会

ここでは、西大寺キリスト教会長老会発行の「福音に仕える教会」一章二節からほぼ全文引用します。

教会の基本使徒信条が、教会を聖なるものと告白していることについてはすでに述べました。パウロはコリントにある神の教会の人々を「聖徒として召された者たち」と言いました。しばしば、神が聖なる方であることは信じることができても、教会の聖なることを信じることは困難である、という人々がいます。しかし、聖書と基本信条が教会の聖性をあくまでも主張しているのはなぜでしょうか。

地上の教会が完全無欠でないことは明らかです。個々のキリスト者も、集団としての教会も不完全であり、地上において最良と見える教会も貧しく、多くの汚れと傷を持っています。それでも教会は真実、聖なるものと言わねばなりません。「聖ということは、その本来の語義から言っても、事柄からしても、ある者が宗教的に高貴な性格、あるいは本質を獲得したことではなく、神のものとして選びわかたれることを意味します」（加藤常昭『加藤常昭信仰講和5　教会』教文館、二〇〇一年）。旧約聖書によれば、聖なる神礼拝のために聖別された人も獣もすべては聖なるものです。また新約聖書は、教会は世から選び分かたれたものであると語っています（ヨハネ一七・一六〜一七）。

この世はアダムの堕落によって罪の支配するところとなりました。したがって、イエスご自身がこの世に来られた時、この世は彼を理解せず、むしろ憎みました。また、この世はイエス・キリストを憎んでいるゆえに、イエスに属する者をも憎みました。「世は彼らを憎みました。わたしがこの世のものでないように、彼らもこの世のものでないからです」（同一四節）。けれども、イエス・キリストはご自分をそのような世に対して、神が極限の愛を実現するためにこの世に与えられたものだと明言されているのです（同三・一六〜一七）。神はキリストの死によって、神に敵対していた私たちに和解を与えてくださいました（ローマ五・一〇）。私たちは世の人々に先だってこの神の愛に心を開いた時、その愛によって新しい世に属する者として生き始めるのです。「すなわち、神は、キリストにあって、この世をご自分と和解させ、背きの責任を人々に負わせず、和解のことばを私たちに委ねられました」（Ⅱコリント五・一九）。

しかしこのとき、この世と私たちとの間には大きな対立、時には迫害の嵐を呼び起こすような憎しみさえも生まれてくるのです。私たちが主イエスに従おうとする時に、この罪の世からの断絶を覚悟しなければなりません。「しかし私には、私たちの主イエス・キリストの十字架以外に誇りとするものが、決してあってはなりません。この十字架につけられて、世は私に対して死に、私も世に対して死にました」（ガラテヤ六・一四）。

教会がこの世から聖別されているということは、この上なく栄光に満ちたことです。しかし、教会はそこに安住していてもいいのではなく、この罪の支配する世界にあって教会の聖さに敵対するものと戦わなくてはなりません。教会は上なき聖さに向かって絶えず努力しなければならないのです。

「きよさに向かう教会の前進を妨げ、そのきよさを奪おうとする敵は、しばしば、世、悪魔、肉、と呼ばれます。これら三つのものは、実際には〈世俗主義〉という一つの言葉で包摂できるでしょう」（カイパー『聖書の教会観』小峰書店、一九七二年、四六頁）。〈世俗主義〉

とは、聖性の正反対です。教会は罪の世にあって、聖さにおいて前進するために、神の言葉の真理のうちにより深く沈潜してゆかなければなりません。主イエスは「真理によって彼らを聖め別ってください」と祈られ、「あなたのみことばは真理です」（ヨハネ一七・一七）と宣言されました。主イエスはまた、「あなたがわたしを世に遣わされたように、わたしも彼らを世に遣わしました」（同一八節）と言われました。教会は地の塩、世界の光です（マタイ五・一三〜一四）。主イエスが、「これらのわたしの兄弟たち、それも最も小さい者たちの一人にしたことは、わたしにしたのです」（同二五・四〇）と言ってくださることを頼みとして、小さな愛のわざにも生きていくのです。

この世に生きる教会の中心的使命は何でしょう。「教会がキリストからゆだねられた使命、それは罪のゆるしをもたらすということです。キリストが神からこの世に遣わされた使命もまさにそこにありました。それと同じ使命に生きよと命じられるわけです」（加藤常昭四一頁）。主イエスは十字架の死と復活の勝利によって罪との戦いに打ち勝たれ、そのみわざの継承のために教会に「天国のかぎ」と呼ばれる権威をお与えになりました。教会は、福音の宣教によって罪の赦しと救いをもたらすのであり、説教と聖餐が行われるところに教会が成り立つと言われるのは、まさにこの罪の赦しの実現を強調しているからにほかなりません。罪の世から選び分かたれた聖なる教会は、主イエス・キリストの成し遂げられた罪の赦しの福音をもって、罪との戦いに参与しているのです。罪の赦しに生きる者は、この世から出て行くのではなく、神に造られたものであるこの世の中に正しく生きることができるのです。教会は、罪の赦しの福音という聖なる武器をもって、神に贖われた者として、世の回復という聖なる使命に生かされています。

むすび

使徒信条の「聖なる公同の教会」に続く、「聖徒の交わり」と訳されている言葉は、「聖なる公同の教会」の定義、または説明だと考えられています。そして、「聖なる公同の教会」は時間と空間を超えた普遍的な教会を告白しており、「聖徒の交わり」は、個人的な、地上でのクリスチャンの交わりを告白しているのでしょう。この「交わり」という言葉は、ギリシア語の「コイノニア」という言葉で、結合・関係・共同・共有・持ち分などの意味を持っています。「持ち分」という言葉から、カトリック教会は、キリストのからだを受ける「聖体拝受」と理解し、プロテスタント教会は聖餐式での「陪餐」と理解しています。

聖餐は、ラテン語で「コムニオ」、英語では「コミュニオン」と言います。カトリック教会は、「聖徒の交わり」を「聖人の交わり」であり「聖人の通功」と訳しています。今、地上にいるクリスチャンが聖人の功徳を受ける意味であると理解しているのです。プロテスタント教会は、「聖徒の交わり」は、地上にいるクリスチャン同士の交わりととらえています。私たちは、その理解がふさわしいという信仰的立場です。

古来から「聖徒の交わり」は、「聖なるものにあずかる交わり」という意味にも理解されたそうです。「聖なるもの」とは、救いの宝であり、福音の真理です。それに「あずかる」こととは、教会において救いの神を礼拝することであり、教会のわざとして福音を告げ知らせることなのです。教会は、罪と弱さの中にあっても、その存在からして、すでに聖であり、またその働きによってますます聖とされていくのです。

クリスチャンとは、キリストのからだであり、互いに主イエスの愛によって結ばれています。いわば、キリストの愛の共同体です。使徒の働き二〇章三四〜三五節のように、キリストの愛に根差した連帯があるのです。それは、個人的な助け合い、地域の福祉や教育、国の政治、経済、国際政治の舞台にまで広がっています。まさに、教会はいのちの共同体です。

罪の赦しを信じる幸い

詩篇三二篇一～一一節

使徒信条の学びも最後の段階に入りました。これから「罪のゆるし、からだのよみがえり、とこしえのいのちを信ず」という三つの告白を最後に味わいます。この三つは、先に学んだ聖霊を信じた結果として、聖霊の結ぶ実であると言えます。恵みの実です。

罪の赦しについて、主イエスによる「主の祈り」は教えています。拙著『私なりの「主の祈り」』において、罪は「負い目」と訳すことがよいと述べています。参考にしていただきたいのですが、ここでは、違った角度から学びます。

「罪のゆるし」の恵みは新約の特権ですが、旧約聖書の恵みの実でもあります。その代表的なテキストから学び始めます。それが、詩篇三二篇です。

ダビデによるマスキール

新約聖書はマタイの福音書から始まります。その冒頭の書き出しの一章一節の言葉は、次のようです。「アブラハムの子、ダビデの子、イエス・キリストの系図。」旧約時代と新約時代をつなぐ二人の人物、アブラハムとダビデが登場しています。この二人の共通点は、神の契約にあずかったことと、信仰による義を与えられたことです。これが、罪の赦しと深く関わっています。この偉大な二人を父祖として生まれてきたイエス・キリストの誕生の目的は、人々を罪から救うためでした。「マリアは男の子を産みます。その名をイエスとつけなさい。この方がご自分の民をその罪からお救いになるのです」（マタイ一・二一）。

ダビデは痛切な赦罪体験の持ち主でありました。対アモン戦の最中、彼は王宮にあって、人妻バテ・シェバを見染めるとこれを召し上げ、ついにはその夫ウリヤ将軍を死に至らしめ、平然としていました。とはいえ、表面の装いに反し、その内心は罪の呵責に焼けただれていたのです。なぜならば、ダビデは牧童であった少年時代から契約の神を畏れる敬虔さを人一倍持っていたからです。それゆえに、自らの罪の呵責に苛《さいな》まれていたのでしょう。その渇きは喉のみにとどまらず、身体の最も内部にある骨の髄まで乾ききるほどであったと告白するほどでした。その罪のとがめは、肉体の渇きにとどまらず、霊魂の疼《うず》きとなって責め苛んでいたのです。ダビデは、神の御手が終日、自分の上に重くのしかかるのを覚えていたのです。

「マスキール」は、「知恵のため」「理解のため」とも訳される言葉で、詩篇の七つの悔い改めの詩篇中二番目のものです。古来、アウグスティヌスやルターの愛唱歌として名高い詩篇です。参考に、悔い改めの詩篇と呼ばれているものは、六、三二、三八、五一、一〇二、一三〇、一四三篇です。

使徒パウロはローマ人への手紙四章で、アブラハムとダビデの信仰義認の恵みの大きさを、詩篇三二篇「ダビデによる。マスキール」を引用して高らかに歌い上げています。「聖書は何と言っていますか。『アブラハムは神を信じた。それで、それが彼の義と認められた』とあります。同じようにダビデも、行いと関わりなく、神が義とお認めになる人の幸いを、このように言っています。『幸いなことよ、不法を赦され、罪をおおわれた人たち。幸いなことよ、主が罪をお認めにならない人』」（ローマ四・三、六〜八）。

主イエスによる「罪の赦しの宣言」

主イエスの罪の赦しの宣言をいくつか振り返ります。まず、最初はこの箇所です。「イエスは彼らの信仰を見て、『友よ、あなたの罪は赦された』と言われた」（ルカ五・二〇）。

この箇所は、マルコの福音書二章五節との並行記事です。これらは、ともにイエス・キリストによる罪の赦しの宣言がなされています。ここに登場する人物は、中風を患い足腰の立たない一人の男です。彼はイエスの話を聴くために集まった家に、四人の友人の助けによって、床に載せられたまま運ばれてきます。その家は、屋根の覆いを剝《は》がし、そこから病人をつり下ろすことができる構造でした。この吊り降ろされた男に向かってイエスが言われたことばが、「友よ、あなたの罪は赦された」だったのです。

その、即座の反応が続く二一節です。「ところが、律法学者たち、パリサイ人たちはあれこれ考え始めた。『神への冒瀆を口にするこの人は、いったい何者だ。神おひとりのほかに、だれが罪を赦すことができるだろうか。』」

神の他にだれも罪を赦すことはできません。しかし、イエスはその罪の赦しをこの男に宣言したのです。その結果は二六節です。「人々はみな非常に驚き、神をあがめた。また、恐れに満たされて言った。『私たちは今日、驚くべきことを見た。』」

この驚きとおそれを感じた人は大勢います。そのひとりが、有名な小説家三浦綾子さんです。彼女が、自分の罪に向き合い、罪の赦しを確信できたのは、このイエスの罪を赦すとの宣言に出会ったからだと、その著書『道ありき　青春編』に記しています。「天地は消え去ります。しかし、わたしのことばは決して消え去ることがありません」(マルコ一三・三一)。罪の赦しの宣言に触れた直後、三浦綾子さんの目に留まったのは、このイエスの言葉でした。偶然の一致であったのでしょうか。しかし、彼女はイエスが赦すと言われるならば、自分の罪も永遠に消えると確信でき、イエスをキリストであると信じることになりました。

話をルカの福音書五章に戻します。

「ところが、律法学者たち、パリサイ人たちはあれこれ考え始めた。『神への冒瀆を口にするこの人は、いったい何者だ。神おひとりのほかに、だれが罪を赦すことができるだろうか。』イエスは彼らがあれこれ考えているのを見抜いて言われた。『あなたがたは心の中で何を考えているのか。「あなたの罪は赦された」というのと、「起きて歩け」というのと、どちらが易しいか。しかし、人の子が地上で罪を赦す権威を持っていることを、あなたがたが知るために──。』そう言って、中風の人に言われた。『あなたに言う。起きなさい。寝床を担いで、家に帰りなさい。』すると彼はすぐに人々の前で立ち上がり、寝ていた床を担ぎ、神をあがめながら自分の家に帰って行った。」

(ルカ五・二一～二五)

律法学者の批判に対し、イエスの答えは簡にして要を得ています。大いなる奇跡的癒やしの業をいくたびもされた方、イエスです。嵐の海を静め、死人の娘をよみがえらせ、万を超える人々の飢えを凌《しの》がせた方です。ここに登場する中風の病人を癒やすことは、他の人にとって難しいことでしょう。しかし、聖なる神が罪びとを赦すということは、決してやさしいことではありませんでした。「起きなさい。寝床を担いで、家に帰りなさい」と言うのは、全能の権威を持っておられるイエス・キリストにとって、別に難しいことではなく、むしろ、後に十字架上の最後の言葉の一つ、「父よ、彼らをお赦しください。彼らは、自分が何をしているのかが分かっていないのです」（ルカ二三・三四）と言うことのほうがはるかに難しいことであったでしょう。

罪を赦す権威は神だけのものであり、どんなに品行方正な人も、聖人君子も他者の罪の身代わりは務まりません。それゆえ、罪びとの赦しの贖いは神の御子イエス・キリストの十字架の贖いの死によるほかなかったのです。三浦綾子さんにとどまらず、だれもが「罪深い私を憐れんでください」という願いに至らなければ、「我は罪の赦しを信ず」とは言えないでしょう。西大寺教会では、礼拝式の始めに「悔い改めの祈り」をともにささげ、各自祈った後に罪の赦しの宣言をうれしくいただくのです。主イエスの権威によってです。

「罪の赦し」は神の和解の使信

使徒信条の終わりの三項目は、「罪の赦し、からだのよみがえり、とこしえのいのち」を信じることです。「罪の赦し」は罪責の問題の解決であり、「からだのよみがえり」は死の問題の解決です。この二つが人間存在の主要問題です。この問題を解決する福音は、図形で表せば、当然二つの中心点を持つ楕円の形を持っています。ここでは、その一つの中心点に取り組んでいます。

私たちは、一人の人間として自分の行為の主体的責任を負うべき存在です。つまり、人はその行為の負債を自分で弁償すべきです。しかし、人には負債の弁償をする力がありません。そこで、神の赦しが必要となります。そこで、神は赦しにおいて、私たちの代わりに仲保者を立てます。仲保者は、罪ある私たち人間の当然受けるべき罰を私たちに代わって担われたのです。それが、神の与えてくださった福音です。福音は和解についての使信です。神の審判と報復は、この仲保者に対してなされたのです。これは、喜びの使信です。その使信を伝えるみことばを次に記します。

「私たちが正気でないとすれば、それは神のためであり、正気であるとすれば、それはあなたがたのためです。というのは、キリストの愛が私たちを捕らえているからです。私たちはこう考えました。一人の人がすべての人のために死んだ以上、すべての人が死んだのである、と。キリストはすべての人のために死なれました。それは、生きている人々が、もはや自分のためにではなく、自分のために死んでよみがえった方のために生きるためです。ですから、私たちは今後、肉にしたがって人を知ろうとはしません。かつては肉にしたがってキリストを知っていたとしても、今はもうそのような知り方はしません。ですから、だれでもキリストのうちにあるなら、その人は新しく造られた者です。古いものは過ぎ去って、見よ、すべてが新しくなりました。これらのことはすべて、神から出ています。神は、キリストによって私たちをご自分と和解させ、また、和解の務めを私たちに与えてくださいました。すなわち、神はキリストにあって、この世をご自分と和解させ、背きの責任を人々に負わせず、和解のことばを私たちに委ねられました。

こういうわけで、神が私たちを通して勧めておられるのですから、私たちはキリストに代わる使節なのです。私たちはキリストに代わって願います。神と和解させていただきなさい。神は、罪を知らない方を私たちのために罪とされました。それは、私たちがこの方にあって神の義となるためです。」

（Ⅱコリント五・一三〜二一）

「だれでもキリストのうちにあるなら、その人は新しく造られた者です。古いものは過ぎ去って、見よ、すべてが新しくなりました」とあります。罪の赦しを信じるとは、自分が新しくなったということを信じることです。古い自分は過ぎ去った。自分は新しくなったのだと。

その理由は、神がキリストによって、私たち罪ある人をご自分と和解させ、私たち罪びとの罪の責任を問うことのないものとされたというのです。この私は、もうすでに神がご自身と和解させてくださっているというのです。使徒パウロは、この和解の宣言の前に、こう言っています。「キリストの愛が私たちを捕らえているからです。」ほかの訳では、「キリストの愛が私たちを駆り立てている」。「キリストの愛がわたしたちに強く迫っている」とあります。文語訳では「キリストの愛われらに迫れり」と言いました。この後に続く一四～一五節が、私の心をとらえたのです。そして駆り立てられました。キリストの愛の迫りに圧倒されたのです。私は、この方のために生きていこうと願わされたのです。二十歳の夏のことでした。その時以来、新しい人生が始まりました。それ以来、罪の悔い改めの歩みが続いています。罪の赦しを信じ、繰り返し罪の赦しの中に帰っていく信仰を言い表してきました。その恵みの福音、すなわち和解の言葉を伝え続ける生涯となりました。なんと幸いな人生だったでしょう。

むすび

終わりに、罪の赦しの大きさと徹底ぶりをみことばで味わいましょう。

「あなたのような神が、ほかにあるでしょうか。あなたは咎を除き、ご自分のゆずりである残りの者のために、背きを見過ごしてくださる神。いつまでも怒り続けることはありません。神は、恵みを喜ばれるからです。もう一度、私たちをあわれみ、私たちの咎を踏みつけて、すべての罪を海の深みに投げ込んでください。」

（ミカ七・一八～一九、傍点著者）

「『わたしは、もはや彼らの罪と不法を思い起こさない』と言われるからです。」

（ヘブル一〇・一七、傍点著者）

「わたし、このわたしは、わたし自身のためにあなたの背きの罪をぬぐい去り、もうあなたの罪を思い出さない。」

（イザヤ四三・二五、傍点著者）

「わたしは、あなたの背きを雲のように、あなたの罪をかすみのように消し去った。わたしに帰れ。わたしがあなたを贖ったからだ。」
（イザヤ四四・二二、傍点著者）

最後に、エペソ人への手紙一章七節を読みましょう。

「このキリストにあって、私たちはその血による贖い、背きの罪の赦しを受けています。これは神の豊かな恵みによることです。」

からだのよみがえりを信ず

コリント人への手紙第一、一五章三五〜四九節

使徒信条のメッセージの終わりが近づきました。今回は終わりから二つ目の、「からだのよみがえり」について学びます。

聖書が意味する「からだ」とは

「からだ」は、ギリシア語の「サルクス」に当たる言葉で、日本語訳聖書では「肉」と表現されています。この場合の「肉」は否定的に使われています。

「肉によって弱くなったため、律法にできなくなったことを、神はしてくださいました。神はご自分の御子を、罪深い肉と同じような形で、罪のきよめのために遣わし、肉において

罪を処罰されたのです。それは、肉に従わず御霊に従って歩む私たちのうちに、律法の要求が満たされるためなのです。肉に従う者は肉に属することを考えますが、御霊に従う者は御霊に属することを考えます。肉の思いは死ですが、御霊の思いはいのちと平安です。なぜなら、肉の思いは神に敵対するからです。それは神の律法に従いません。いや、従うことができないのです。」
（ローマ八・三〜七、傍点著者）

その他以下のテキストも同様に「肉」を否定的に用いています。「兄弟たち。私はあなたがたに、御霊に属する人に対するようには語ることができずに、肉に属する人、キリストにある幼子に対するように語りました」（Ⅰコリント三・一、傍点著者）、「肉が望むことは御霊に逆らい、御霊が望むことは肉に逆らうからです。この二つは互いに対立しているので、あなたがたは願っていることができなくなります」（ガラテヤ五・一七、傍点著者）。

このような「肉」がよみがえるという場合には、問題があります。一方、新約聖書で「からだ」を表す言葉に「ソーマ」があります。この言葉は、「人格」「身体」を意味しています。この場合は肯定的に用いられています。たとえば、「教会はキリストのからだであり、すべてのものをすべてのもので満たす方が満ちておられるところです」（エペソ一・二三）のように。

しかし、御子イエス・キリストは、身体をもってこの地上に来てくださった「いのちのことば」であり、身体をもってよみがえられた方であり、身体をもって父なる神のところにいてくださるのです。「ことばは人〔サルクス〕となって、私たちの間に住まわれた。私たちはこの方の栄光を見た。父のみもとから来られたひとり子としての栄光である。この方は恵みとまことに満ちておられた」（ヨハネ一・一四、〔　〕内著者）。

身体のよみがえりは、今の身体とは別の身体をまとうことではなく、朽ちないものでありつつ、自分の今持っている肉体のよみがえりなのです。主イエス・キリストは冒頭の聖句にあるように、「霊のからだ」「天に属する方」の身体を持っておられます。そのキリストのいのちにあずかるために、私たちは身体ごと救われるのです。

他宗教や異教の教え、異端的思想と区別するため

使徒信条は、なぜ「からだのよみがえり」にこだわったのでしょうか。当時のギリシアの世界には、霊魂の不滅という思想がありました。たましいと肉体の二元論の世界観です。

肉体は悪の温床であって、肉体を滅却してはじめて、たましいは真の自由と喜びを得るという考えです。有名な哲学者ソクラテスは死刑に処せられましたが、あえてその謀略に抗することをしなかったのです。その弟子、プラトンもたましいの不滅を書物に記し、この思想はグノーシス

（知）思想と呼ばれ、初代教会の時代にキリスト教の中に影響を与え、キリスト教に対する異端思想になりました。使徒パウロもヨハネも、初代キリスト教の指導者たち、教父たちもみな、このグノーシス主義と闘いました。その一例を紹介します。

「愛する者たち、霊をすべて信じてはいけません。偽預言者がたくさん世に出て来たので、その霊が神からのものかどうか、吟味しなさい。神からの霊は、このようにして分かります。人となって〔肉体をとって〕来られたイエス・キリストを告白する霊はみな、神からのものです。イエスを告白しない霊はみな、神からのものではありません。それは反キリストの霊です。あなたがたはそれが来ることを聞いていましたが、今すでに世に来ているのです。」

（Ⅰヨハネ四・一～三、〔 〕内著者）

グノーシス主義によれば、二元化された世界は霊の世界と物質の世界の二極に分かれます。私たちの世界は本質的に悪の世界と言われます。そこからの救いを得るために、純粋に霊的なことだけを求め、難行苦行を身体に課し、禁欲主義をもって肉体に拘束されないたましいになることを目指します。あるいは、逆に肉体を軽んじて放埒《ほうらつ》で不道徳な生活を是認する極端に走るのです。いずれにしろ、当然のことながら、たましいは死によって身体・肉体から離れることによって自由を得るというのです。

しかし、神は肉体の世界、物質の世界を悪とみなすことはありません。神は、この世界、すなわち物質を含めてすべてを創造されました。身体を持った人間を創造し、それをすべて「よし」とされたのです。「神はご自分が造ったすべてのものを見られた。見よ、それは非常に良かった。夕があり、朝があった。第六日」(創世一・三一)。

人間は、神のかたちに創造されましたが、それは、地のちりで形造ったものに霊を吹き込んで人間としたのです(同二・七)。霊と肉をあわせもった初めて人間なのです。

ギリシア思想について話しましたが、私たち日本人も多くの人が霊魂の不滅を信じています。人間は、この世で死んでも、霊魂として生き続けると考えられているのです。それは、肉体はこの世で生活するための借り物にすぎないという考えだと思われます。このような日本人の死後観に対して、「からだのよみがえり」の意義を説く意味は大きいと思います。次に、それはどのようなものなのかという疑問に答えていきましょう。

「からだのよみがえり」をみことばに聴く

ここで、冒頭に挙げた聖書箇所を引用します。

「愚かな人だ。あなたが蒔くものは、死ななければ生かされません。また、あなたが蒔くものは、後にできるからだではなく、麦であれ、そのほかの穀物であれ、ただの種粒です。しかし神は、みこころのままに、それにからだを与え、それぞれの種にそれ自身のからだをお与えになります。」

（Ⅰコリント一五・三六～三八）

使徒パウロは、いきなり「愚かな人だ」と切り込みます。自然界の植物の種にたとえて、「こんなこともわからないのか」と強く迫っているのです。「種」というものは、それぞれの形を持っています。地に蒔かれると、種は土に埋もれ、わたしたちには見えなくなります。また地中でもその形状を失い、いわばそれまでの在り方を失い、死ぬことになります。しかし、創造主であられる神によって、新たないのちはすでに始まっているのです。

そこからよみがえってくるものは、以前の種とは全く違った、美しい花の姿です。これと同じ原理をパウロは死者の復活、つまり「身体のよみがえり」に当てはめているのです。「死者の復活もこれと同じです。朽ちるもので蒔かれ、朽ちないものによみがえらされ、卑しいもので蒔かれ、栄光あるものによみがえらされ、弱いもので蒔かれ、力あるものによみがえらされ、血肉のからだで蒔かれ、御霊に属するからだによみがえらされるのです。血肉のからだがあるのですから、御霊のからだもあるのです」（同四二～四四節）。

「御霊のからだ」がどういう形をしているのか、血肉の身体しか知らない者の発想では、想像もつきません。パウロは続けて言います。「土で造られた者たちはみな、この土で造られた人に似ており、天に属する者たちはみな、この天に属する方に似ています。私たちは、土で造られた人のかたちを持っていたように、天に属する方のかたちも持つことになるのです」（同四八～四九節）。想像の例として、「何歳の時の自分に似ているのか」という発想です。霊の栄光の身体によみがえると教えているのです。いわば、想像を絶する復活の身体でしょう。

だれでも死ぬ時が来ます。私の時を想像してみましょう。葬式の後、私の身体が火葬に伏されるとき、司式する牧師の祈りがささげられます。「天の父なる神様、私たちは今、主のみもとに召された赤江弘之の亡骸をあなたの御手にゆだね、土は土に、灰は灰に、ちりはちりに、返そうとしています。肉体は私たちの目から消え失せますが、やがて来るイエス・キリストの再臨の時には永遠に朽ちない栄光の身体によみがえらせてくださることを信じ、御名を賛美します。」ハレルヤです。

これこそ「からだのよみがえりを信ず」です。実体のない、霊魂不滅ではありません。主イエスにあって、永遠の神の国で、御霊のからだをもって互いに認め合い、喜び合えるのです。愛する人々に、この福音を伝えましょう。ここにこそ、唯一の希望があるのです。

父、母、祖父、祖母、愛する家族、いとしい友人に、主イエスを信じる者の幸いを伝えましょう。恐れることなく、確信をもって伝えましょう。

むすび

身体の重要性と身体のよみがえりのもたらす希望を学んできました。ですから、私たちは今の身体を重んじなければなりません。

一般的に言われるように、健康意識を高めて身体を大事にすることです。よく歩き、運動し、食生活に気を配り、不健康な生活をやめなければなりません。しかし、それだけではありません。私たちは、今の身体が抱える不自由さ、弱さをも、神から与えられ、聖霊に支えられているものとして尊ぶのです。自分と他人に対して、優しいまなざしを向けるべきです。健康だけを素晴らしいものとして偶像視せず、必要以上に病気や、障害や、弱さを拒絶しないようにしましょう。神さまは、痛みを抱えた方々が、身体のよみがえりの希望を健常者や健康に恵まれた方以上に待ち望んでおられることをご存じです。

冒頭の聖句を味わいましょう。

「また、天上のからだもあり、地上のからだもあり、天上のからだの輝きと地上のからだの輝きは異なり、太陽の輝き、月の輝き、星の輝き、それぞれ違います。星と星の間でも輝きが違います。」

（Ｉコリント一五・四〇～四一）

地上の身体も、天上の身体も、違いはあっても両方とも「輝き」があると言っているのです。今の健康だけを重んじて、はるかに優る輝きが約束されているよみがえりの身体を忘れてはなりません。不自由な身体、老いた身体、障害のある身体、その身体を持つ私たちに、主はご自身の輝き、すなわち栄光を分け与えておられます。

今一度、そのような優しい目で自分と周りの人を見ていきたいものです。「卑しいもので蒔かれ、栄光あるものによみがえらされ、弱いもので蒔かれ、力あるものによみがえらされ」（同四三節）ます。からだのよみがえりを信じる幸いに胸躍らせるお互いでありますように祈ります。

とこしえのいのちを信ず

ヨハネの福音書一三章三六節～一四章一一節

使徒信条を学び始めて、その最後を迎えました。「我はとこしえのいのちを信ず」という告白です。前項の「からだのよみがえり」について学びました。「永遠のいのち」は、「からだのよみがえり」を前提にしているのは明らかです。つまり、私たち人間は幽霊になって永遠に存在し続けるのではありません。肉体と霊を併せ持つ「人間」として、永遠に生き続けるのです。

永遠のいのちをどのように生きるのか、永遠のいのちの特徴は何か、永遠のいのちをもってだれがどこで生きるのか、そうでない人々はどのような永遠が待っているのか、課題はいろいろあります。この厳かな告白に向かうとき、私たちは背筋がピンと伸びる思いを持つのではないでしょうか。永遠を滅びの世界で生きることの恐れを感じることもあるからです。永遠を、神の国で祝福のうちに過ごすことのできる招きが「福音」です。

マタイの福音書二四章一四節を、心して受け止めましょう。「御国のこの福音は全世界に宣べ伝えられて、すべての民族に証しされ、それから終わりが来ます。」これこそ「それから、イエスは彼らに言われた。『全世界に出て行き、すべての造られた者に福音を宣べ伝えなさい』」（マルコ一六・一五）と命じられたゆえんです。

死の不安に心騒がす私たち人間

「永遠のいのち」について取り組む前に、死の不安と悲しみにおびえる私たちの現実があることを述べましょう。主イエスも人の子としてその悲しみを知っておられました。そのことは、十字架につけられる前夜、弟子たちに語られた言葉でわかります。「あなたがたは心を騒がせてはなりません。神を信じ、またわたしを信じなさい」（ヨハネ一四・一）。このとき、「心を騒がす」という言葉は、激しい霊の動揺を感じたことを表しています。

動揺とは、不安感や胸騒ぎ程度のことではなく、激動というべき激しい言葉です。この言葉は、ヨハネの福音書一三章二一節で語られていました。それはユダの裏切りを予告している言葉の中です。「イエスは、これらのことを話されたとき、心が騒いだ。そして証しされた。『まことに、まことに、あなたがたに言います。あなたがたのうちの一人が、わたしを裏切ります。』」

一三章の主の晩餐と、一四章は続いているのです。ユダが退去した後で残る十一人の弟子たちを前にして、イエスは説教を続けておられます。すぐ後に迫っている十字架刑による死の予感と、後に残していく弱い弟子たちの受ける試練の予感に心が騒いだのです。ペテロについては、主を三度否定することも語られました。それに続く言葉が、先ほどの一四章一節なのです。一三章三六節に、ペテロとイエスの問答があります。「シモン・ペテロがイエスに言った。『主よ、どこにおいでになるのですか。』イエスは答えられた。『わたしが行くところに、あなたは今ついて来ることができません。しかし後にはついて来ます。』」

この言葉の中に、死に対する特別な不安の要素が込められています。それは、死ぬ時はひとりだということです。だれでも死出の旅はひとりになります。送る人も、送られる人も、それを知っています。そこに同伴することはできません。それが、死の不安であり、死の悲しみです。まして、イエスの死はただならぬ十字架刑による死であり、弟子たちの死は、迫害による殉教の死の恐れに満ちているのです。その独特な不安の中で、力強く語られたのが一四章一節の言葉でした。「あなたがたは心を騒がせてはなりません。神を信じ、またわたしを信じなさい。」

永遠のいのちをどこでどのように生きるのか

姉は五十二歳の時にクリスチャンになりました。義兄は九十歳を前に、自宅で私の母教会の牧師から病床洗礼を受けました。さらに長寿を予感させる中で、急遽九十一歳で召天したのです。私が教会でした義兄の葬儀の説教箇所が、ここで取り扱う聖書箇所と重なるヨハネの福音書一四章一節から七節でした。天国についてのメッセージの要点を紹介します。

天国はある

聖書は、主イエスご自身が「天国はある」と言われたことを記しています。天国で永遠のいのちを与えられて生きることができると言われています。それは、聖書のみが語っていることです。釈迦も孔子もソクラテスも、「天国は真実存在する」とは言いません。

神話による人物、天照大神もこの件に関して当然同じです。言い換えれば、仏教も、儒教も、ギリシア哲学も、神道も、天国の存在は明言しません。天国の存在は、「わからない」「否定する」「あっても草葉の陰」という不確かなところだと答えます。

イエス・キリストは、天国を「わたしの父の家」と呼びました。このように宗教は来世観を含むすべてにおいて、同じではありません。それなのに、多くの人はどの宗教もすべて同じで、「だれでも死んだら天国に行く」と言います。天国があることを断言するキリスト教こそ、希望の信仰です。

天国への道

人はだれでも道を求めて生きています。求道《きゅうどう》と言い、求道《ぐどう》とも読みます。いわゆる、「みんな悩んで大きくなった」との言葉のとおりです。ところが、ただ一人イエス・キリストだけが違っています。「わたしが道である」と言われました。道を求めず、自分自身が道そのものだと言ったのです。なんという思い上がり、なんという愚かさ、なんという狂わしさ、それとも正気？　本気？　事実？——それが、聖書に抱いた私の大きな疑問でした。しかも、イエスは自分が、真理そのものであり、「永遠のいのち」であるというのです。

天国は、神が治める神の国です。神の許可なくして入国できません。入国審査を経て、入国手続きを済ませて、ビザが発行された人のみが入国できるのです。天国の国王である神さまの存在を認めないで、天国に入国できるということは厚かましいことです。

だからイエスは言われました。「わたしを通してでなければ、だれも父のみもとに行くことはできません。」道を通ることは難しいことではありません。道を踏みつけて、道を辿って目的地に着くのです。天国行きの通行手形を与え、無料《ただ》で行ける天国行きの切符を下さるイエス・キリストの手から、手形や切符を受け取ればいいのです。その、受け取ることを「信仰」と言います。信仰は、ギリシア語の「信頼」を意味する言葉です。信心ではありません。信じる人の信心の強さに焦点を当てるのではなく、「信頼・信仰」は、信じる対象の愛と決断と、真実に焦点を合わせるのです。だから、「ありがとう」と言って受け取ることです。「神を信じ、またわたしを信じなさい」と言われたのです。それは、与えてくださる方の一方的な愛と好意に基づくのです。それを、「恵み」と言います。天国へ入ることを、「救われる」とも言います。信仰によってのみ、天国に入れていただける約束が聖書にあります。エペソ人への手紙二章八～九節です。

「この恵みのゆえに、あなたがたは信仰によって救われたのです。それはあなたがたから出たことではなく、神の賜物です。行いによるのではありません。だれも誇ることのないためです。」

義兄は、この道を通って、長い人生の最終段階で天国に招かれ、その招きに応じたのです。

天国で永遠に生きる

ヨハネの福音書の一四章一八～二〇節に目を留めます。

「わたしは、あなたがたを捨てて孤児にはしません。あなたがたのところに戻って来ます。

あと少しで、世はもうわたしを見なくなります。しかし、あなたがたはわたしを見ます。わたしが生き、あなたがたも生きることになるからです。その日には、わたしが父のうちに、あなたがたがわたしのうちに、そしてわたしがあなたがたのうちにいることが、あなたがたに分かります。」

キリストのいのちは決して失われることのないいのちです。ひとたび信仰によってキリストに結ばれた人は、肢体が頭に結びついているように、かしらなるキリストが生きるかぎり、その人も生きるのです。この箇所の少し前に、エルサレム近郊にあるベタニア村のラザロを死人の中からよみがえらせた時の、イエスさまのおことばは有名です。「イエスは彼女に言われた。『わたしはよみがえりです。いのちです。わたしを信じる者は死んでも生きるのです。また、生きていてわたしを信じる者はみな、永遠に決して死ぬことがありません。あなたは、このことを信じますか』」（ヨハネ一一・二五〜二六）。弟の死を悲しむ姉のマルタに対する答えでした。この直後、弟ラザロは、死後四日も過ぎていたのに墓から出てきたのです。ラザロは再び死ぬものとして復活させられました。しかし、永遠のいのちを持つ主イエスを信じる者は、キリストとともに永遠に神の国で生きるのです。

説教のまとめ

イエス・キリストを信じる者は、死後、すぐ主のみもとに行きます。「私の願いは、世を去ってキリストとともにいることです。そのほうが、はるかに望ましいのです」（ピリピ一・二三）。この使徒パウロの確信は、主イエスを信じるすべての人への約束です。主の十字架のそばで死んでいった、罪を悔いる犯罪者へのイエスの約束も同じです。

「イエスは彼に言われた。『まことに、あなたに言います。あなたは今日、わたしとともにパラダイスにいます』」（ルカ二三・四三）。死後、イエス様のところに直行します。道に迷うことはありません。煉獄もありません。閻魔大王もいません。四十九日間、遺族の弔い方によって、行き先が決まるのでもありません。「今日」です。死後ただちに主のもとに招かれているのです。しかし、この福音を聞くことなく、信じる機会を失った人はすべてよみに行くのです。よみはギリシア語の「ハデス」です。「ゲヘナ」という地獄ではありません。主イエスは死後「よみに降られた」とあります。地上で生きているときに、イエス・キリストを信じることができなかった人は、そこで最後の審判を待つのです。よみにいるクリスチャンでない先祖のことは、ひとり子を与えてくださる大いなる神の愛の御手におゆだねしましょう。この人たちは、死後、救いの機会が全くないと、だれも言えないのです。

「キリストも一度、罪のために苦しみを受けられました。正しい方が正しくない者たちの身代わりになられたのです。それは、肉においては死に渡され、霊においては生かされて、あなたがたを神に導くためでした。その霊においてキリストは、捕らわれている霊たちのところに行って宣言されました。」

使徒ペテロの晩年の、第一の手紙三章一八～一九節によって望みを抱くのです。先に亡くなった方は願うでしょう。後に残された人がイエス・キリストの福音を信じて天国へ直行することを！

永遠のいのちの特徴

「わたしの戒めを保ち、それを守る人は、わたしを愛している人です。わたしを愛している人はわたしの父に愛され、わたしもその人を愛し、わたし自身をその人に現します」（ヨハネ一四・二一）。永遠のいのちは死後に始まるのではなく、現在の地上にいる時から始まっています。この現在的な永遠のいのちの顕著な特徴は「愛」です。主イエスがヨハネの福音書一四章一五節で弟子たちに語られたことは、主を愛することとでした。「もしわたしを愛しているなら、あなたがたはわたしの戒めを守るはずです。」その戒めを、二一節では全時代の全キリスト者に当てはまる一般的な原理としておられます。従うことがキリストへの真実の愛についての真の試金石であるというのです。主を愛することは、一五節と二一節で終わりません。二三節に繰り返されています。「イエスは彼に答えられた。『だれでもわたしを愛する人は、わたしのことばを守ります。そうすれば、わたしの父はその人を愛し、わたしたちはその人のところに来て、その人とともに住みます。』」

この現世で永遠のいのちに生きる者とともに、御父と御子は主の言葉を守る聖徒の心と霊のうちに来られ、いつまでも彼とともに住んでくださるのです。これは、主イエスを信じる者が、だれでも体験できる真理であって、その体験は聖霊によって感得できるのです。「しかし、助け主、すなわち、父がわたしの名によってお遣わしになる聖霊は、あなたがたにすべてのことを教え、わたしがあなたがたに話したすべてのことを思い起こさせてくださいます」(同一四・二六)。

聖霊によって与えられる霊的体験は「平安」です。その平安は、この世が与える平安と比較できない豊かな尊いものです。「わたしはあなたがたに平安を残します。わたしの平安を与えます。わたしは、世が与えるのと同じようには与えません。あなたがたは心を騒がせてはなりません。ひるんではなりません」(同二七節)。

私たちは、この地上にいながら永遠のいのちの前味を持つことができるのです。それは、私たちをまず初めに愛してくださった方を愛する愛であり、この方にあって兄弟姉妹と隣人たちを愛する愛です。

「私たちが神を愛したのではなく、神が私たちを愛し、私たちの罪のために、宥めのささげ物としての御子を遣わされました。ここに愛があるのです。愛する者たち。神がこれほどまでに私たちを愛してくださったのなら、私たちもまた、互いに愛し合うべきです。」

（Ｉヨハネ四・一〇～一一）

むすび

永遠のいのちは、愛とともに、愛よりもまさるものがあります。それは「喜び」です。現世において始まっている喜びは、神ご自身によって栄光のうちに完成される時が来るでしょう。それが、苦難や罪過によって失われるように見える時が来るかもしれません。

涙の谷を歩く時もあるのです。老年に至り、迫害によってエーゲ海のパトモス島に流された使徒ヨハネの第一の手紙に慰めと喜びを見いだしましょう。

「私たちが神の子どもと呼ばれるために、御父がどんなにすばらしい愛を与えてくださったかを、考えなさい。事実、私たちは神の子どもです。世が私たちを知らないのは、御父を知らないからです。愛する者たち、私たちは今すでに神の子どもです。やがて、どのようになるのかまだ明らかにされていません。しかし、私たちは、キリストが現れたときに、キリストに似た者になることは知っています。キリストをありのままに見るからです。」

（Ⅰヨハネ三・一～二）

これにまさる喜びがあるでしょうか。

使徒信条が「我は、……とこしえのいのちを信ず」で閉じられていることは、愛と平安と喜びで信仰の告白を終えることを目指しているのでしょうか。

使徒信条最後の「アーメン」は、以上のすべてのことに対する心からの同意です。私たちは父、子、聖霊なる神を信じ、三位一体の神が罪の赦し、身体のよみがえり、とこしえのいのちを与えてくださったことを、「しかり」と言い切り、「我は信ず」と告白するのです。

あとがき

日々のデボーションで心に響いたみことばの一つが詩篇七一篇一八節です。

年老いて　白髪頭になったとしても
神よ　私を捨てないでください。
私はなおも告げ知らせます。あなたの力を世に。
あなたの大能のみわざを　後に来るすべての者に。

この詩は、老いたダビデ王の作によるとも、あるいは老年の預言者エレミヤの作になるとも言われています。当然のことながら、彼らに比ぶべきものではないのですが、私も老いることにおいては同様の年代になりました。若い時から愛唱の詩篇七一篇でしたが、今まさにこの詩篇の心境で本書の上梓に至る決意が新たになりました。「『神のことば』に導かれて告白する」の書名の如くであります。

二十歳で信仰告白に導かれた私ですが、その思いは七一篇五〜六節と同様でした。

神である主よ
あなたは私の望み
若い日からの拠り所。
私は生まれたときから　あなたに抱かれています。
あなたは私を母の胎から取り上げた方。
私はいつもあなたを賛美しています。

しかし、今や老年を迎えました。今こそ七一篇九節の心境にふさわしい時を迎えたのです。

年老いたときも　私を見放さないでください。
私の力が衰え果てても　見捨てないでください。

私も人並みに老いの坂を上りつつあります。教会と関連施設の広い庭いじりを楽しみつつ、聖なる老いの美学、老いの神学に身を焦がさせる誘いが、この詩篇七一篇一八節であります。大いなる主の御業を次の世代に伝える使命に追い立てられて、「『使徒信条』信仰入門の手引き」をお届けします。

私が「使徒信条」に取り組もうと思ったのは、芳泉キリスト教会の出発にあたり、教会の土台となる使徒信条からの説教を語りたいと願ったからです。本書が、芳泉伝道所となる前、初めから自発的に参加してくださっている西大寺教会の兄弟姉妹たちの祈りと協力の結ぶ実となることを願っています。

終わりにあたり、高らかに主をほめたたえつつ、出版にあたり今回もお世話になったすべての方々に心から感謝と御礼を申し上げます。特にいのちのことば社の編集担当の米本円香さんと出版部のみなさま、文章の点検・校正をしてくださった竹本喜代子さんと妻昭代に感謝いたします。

二〇二三年八月　傘寿の記念に

赤江弘之

著者

赤江弘之（あかえ・ひろゆき）

1943年　兵庫県高砂市生まれ。
1964年　橋本巽牧師（尾上聖愛教会）より受洗。
1970年　関西聖書神学校卒業後、神戸中央教会。
1972年　西大寺教会（岡山）。1979年、単立西大寺キリスト教会を経て、1990年から日本同盟基督教団に加入、牧会歴通算53年。
日本同盟基督教団理事長、東京キリスト教学園理事長、日本福音同盟副理事長などを歴任。この間、新改訳聖書刊行準備委員会と教会福音讃美歌協会の発足に責任を担う。
教会は教育伝道事業として、幼稚園、チャーチスクール、ボーイスカウトを始め、福祉事業として、NPO法人あい愛をスタート。「ゆりかごから天国まで」のテーマで市民教会を目指す。教会成長論文「瀬戸内ベルトライン計画」のもとに、教会が約10教会を開拓し、7教会が独立に至る。1985年から34年間、RSK・RCCラジオ福音放送「希望のこえ」のメッセンジャーを務めた。
子ども　赤江雄一　慶應義塾大学文学部人文社会学科 教授
　　　　赤江達也　関西学院大学宗教関連社会学 教授
　　　　佐野かおり　牧師夫人・幼稚園教師（モンテッソーリ）
　　　　　　　　（埼玉・霞が関キリスト教会・佐野泰道牧師）
著書として、『いつ聖霊を受けるのか』（西大寺キリスト教会発行）、『聖書信仰に基づく教会形成』（株式会社ヨベル）、『私なりの「主の祈り」　主の祈り霊想・講解』『契約と贖いから味わう「神のことば」　私なりの「十戒」』（以上、いのちのことば社）などがある。

「神のことば」に導かれて告白する
使徒信条
信仰入門の手引き

2023年9月1日　発行

著　者　赤江弘之
印刷製本　シナノ印刷株式会社
発　行　いのちのことば社
〒164-0001 東京都中野区中野2-1-5
電話 03-5341-6924（編集）
03-5341-6920（営業）
FAX03-5341-6921
e-mail:support@wlpm.or.jp
http://www.wlpm.or.jp/

ISBN 978-4-264-04444-4